《人文集美》编委会

人文集美

【学村文化强】

厦门市集美区文化和旅游局 编

厦门大学出版社 XIAMEN UNIVERSITY PRESS
国家一级出版社
全国百佳图书出版单位

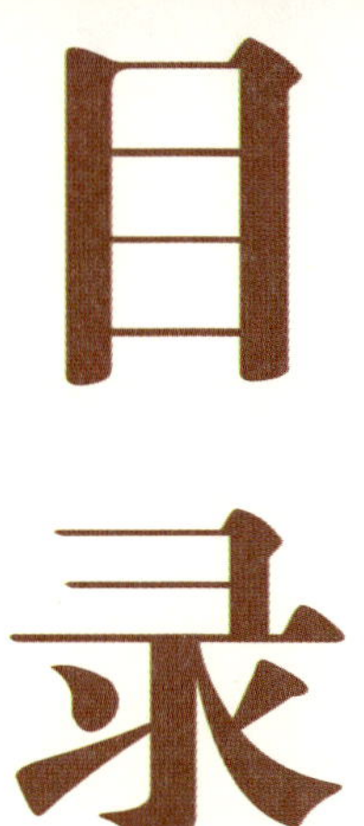

我们高兴地看到，几年来，在大家的共同努力下，集美大学的面貌发生了巨大的变化。在事业发展的同时，学校的各项改革不断深化，学科建设、师资队伍建设取得了显著成效，教育教学质量明显提高，办学条件不断完善，为今后的进一步发展打下了良好的基础。

习近平

2000 年 10 月 22 日，在集美大学校董会二届一次会议上的讲话。

第一章　天上有颗陈嘉庚星，地上有个集美学村

说到集美学村，著名的历史学家、国学大师钱穆是这样描述的："集美校址广大，校舍恢弘，高楼丛立。"

1922 年 10 月，钱穆受聘来集美学校任教，他的描述不是游览者的观感，而是亲历者的体验。

集美区有浓郁的文化氛围。鳌园归来堂、龙舟池、学村建筑群等都是独具闽南风韵的人文景观；集美人文馆、图书馆、诚毅

图 1-1　集美学村全景图

科技探索中心已成研学之都、亲子胜地；“校在村中，村在校中”的集美学村，更是堪称鲜活的文化瑰宝，蕴藏着厚重的人文积淀，散发着浓郁的书香魅力。

陈嘉庚颇为故里学村自豪，当年曾说：“集美背山面海，后有三山，前有三岛。去北十华里许，有两千多尺之高山三座，天马山居中，大帽、美人居左右，相连如笔架形。其东西南三面，尽为海水所环。地势南向，金门岛、厦门岛、鼓浪屿，皆在望中。

沿海有山岗，则郑成功故垒在，垣虽坏，而南门犹完好无恙，亦历史上有价值之纪念物也。校中各楼舍及道路，佳木成荫，盛夏不暑，虽未若庐山之凉爽，或不亚于北戴河之清幽，而海洋空气则为斯二地所无。风景美丽，盖余事耳。”

1930年3月，《申报》记者黄寄萍来集美采访后深情地写道：“陈氏既抱‘教育救国’之决心，二十年来，未尝稍懈。今日名闻全国之集美学校、厦门大学即其理想中成功史之一页也。集美为幼稚园、小学、幼稚师范、男女中学、农、商、水产八校集合体之总称。”

一、集美学村的历史脉络

集美学村是陈嘉庚先生办学兴学 67 载的心血铸成的。他先后创办与捐资的学校高达 118 所之多。“天上有颗陈嘉庚星，地上有个集美学村”，陈嘉庚与集美学村注定相映生辉。

集美学村现今为陈嘉庚所创办的各级各类学校的总称，为学校与村社的组合，发轫于集美村。集美学校既是一个个学校，又指各学校所集成的综合体，包括陈嘉庚于 1913 年在故乡创办的集美小学校，以及后来在集美陆续创办的各级各类学校以及所有附属公共设施。

1921 年 2 月，陈嘉庚定“福建私立集美学校”为总校名，简称“集美学校”。

图 1-2

图 1-3

图 1-2　1913 年，集美大社祖厝，乡立两等集美小学在这里开办
图 1-3　集美初等高等小学校木质平屋（1920 年）

1923年10月，因闽粤军阀混战，孙中山电令对集美学校予以特别保护，集美学校因而获“永久和平学村”而成地域别名。“集美学村”这个烫金名片正式启用，同年成立集美学村委员会，会规以使集美学村成为极文明之模范村为宗旨，由集美学校及集美社联合组织，会长为校主陈嘉庚、陈敬贤，副会长为校长叶渊，委员会成员64人，设有教育、卫生、建筑、警务、统计、文牍、会计、交际共八股，设办事处，为协调村校关系和建设发展而工作。

清光绪十六年（1890年），17岁的陈嘉庚应父函召，赴新加坡佐父营商。光绪二十年，陈嘉庚从新加坡回乡完婚，出资2000银圆，建立惕斋学塾，成为集美学村之滥觞。民国二年（1913年），集美小学借陈氏祠堂开学后，陈嘉庚又出资2000元，购买村西一口面积数十亩的鱼池，“填池建校”，以作校址，再费资1.4万多元建筑校舍，为一座前后两进的木质房屋，东边建一护厝，其余空地修整成操场，遂奠定集美学校的第一块基石。

民国七年（1918年）起，陈嘉庚经营海运和橡胶业连获巨利，

图 1-4　1910 年代的陈嘉庚
图 1-5　二校主陈敬贤
图 1-6　集美学校校长、董事长叶渊

图 1-5

图 1-6

附孫大元帥大本營內政部批第三十六號　民國十二年十月二十日

具呈人福建私立集美學校校長葉淵

呈一件呈請承認集美為中國永久和平村由：現奉帥府交下該校長呈文，並請願書一件，所呈各情已悉，業由本部電致粵閩民政長官，轉知各統兵官，對於該校特別保護矣。茲將原電照抄一份，隨批發閱，仰即知照！此批。

計抄發電文一件

廣州廖省長福州薩省長鑒：現據福建私立集美學校校長葉淵，呈請大元帥電飭粵閩軍民長官，保護該校，永久勿作戰區一案，原呈並請願書，奉發到部。查教育為國家根本，無論平時戰時，軍民長官對於學校之保護維持，皆有應盡之責。厭兵望治，人有同心，國內和平，尤政府所期望。不幸而有兵事，仍應顧全地方，免為文化之阻礙。該校創設有年，規模宏大，美成在久，古訓有徵，芽蘖干霄，人才攸賴。興言及此，寧忍摧殘！應請貴省長轉致兩省統兵長官，對於該校務宜特別保護，倘有戰事，幸勿擾及該校，俾免輟廢，則莘莘學子，永享和平之利矣。徐紹楨叩皓印

图 1-7　1923 年 10 月 20 日，孙中山大元帅大本营内政部承认集美学校为“永久和平学村”

总资产达1500余万元，其将资金大量用于校舍建设，这也是学村发展的黄金时期。中学、师范、幼稚园、水产航海、商科、农林、国学，一一适时兴设。陈嘉庚在1921年借集美学校校舍创办了厦门大学后，1923年又在给时任集美学校校长叶渊的信中明确提出，“本校将来应改为大学，其理由不在规模之广，而在对内对外可期有益无损，与宗教人之但张其名誉者不同耳。教育部章，如专办一科，亦可称为大学”，并于一个月后再次致函叶渊，“计划集美全部，宜以大学规模宏伟之气象”。可见，集美学校在早期规划中就被赋予了陈嘉庚的雄心壮志。

民国十二年（1923年）8月，闽军驻高崎大石湖，粤军驻五贯排头，隔海对峙，开枪互击，流弹横飞。10月，闽南战事紧张，军队1000余人驻扎集美学校，索逼供应，兼之溃兵过境，哗变时虞。10月20日，孙中山大元帅大本营内政部致电闽、粤军民长官，为保护集美学校而颁布《承认集美学村为中国永久和平村公约》。由此，“永久和平学村”举世公认，并名扬海外。

图 1-8　1939 年 9 月 20 日，日军飞机轰炸集美学校大田校区

民国十六年（1927 年）之后的十年，是集美学校的改进时期。改部为校，各校在集美学校董事会的领导下，各项发展因时制宜，日趋合理，师资力量雄厚，教学设备完善，学术氛围浓厚，校园活力蔚然。

民国二十六年（1937 年）全面抗战开始，集美学校被迫内迁，与国运民生一起经历了艰难困苦的岁月，也进行了坚定卓绝的斗争。日寇不但对集美学村狂轰滥炸的次数达四十多次，而且还派战机追到内迁地大田去轰炸集美职业学校校舍。日寇如此仇视集美学校，陈嘉庚深知缘由："余在南洋自抗战后领导华侨募捐，故时常发表敌人野心罪恶，前后何只（止）数十次。"与校主同进退，也恰恰说明集美师生团结一致的爱国主义精神。难，难，难，可集美学校全体师生和衷共济，共克时艰，依然弦歌不辍。不但在内迁地传播了文化与知识，还铸就了一种百折不挠的坚毅精神，而且学生数量还逐年增加，延续着救国兴国血脉。

图 1-9

图 1-10

图 1-9　抗战中遭日机轰炸的三立楼

图 1-10　战后重修的三立楼（1950 年代）

抗战胜利后，集美学校陆续迁回集美。从前巍峨壮丽的成片校舍已成断瓦残垣，集美学校上下一心拟定复兴计划。可是和平与安定的曙光初现又遭蒙内战阴霾，集美学校只能一边加紧修葺校舍，一边加强教学管理。在陈嘉庚和亲友以及集美校友的全力帮助下，集美学校仍保证了办学质量，并对前途充满信心。

新中国成立后，陈嘉庚已经意识到集美学村将伴随着祖国迎来新生，“将来成为相当学村，影响南侨不少，师生万人，实意中事。我非好虚务外，第要放大眼光，及知新中国必能发展，集校亦必共同推进之原因也”。

陈嘉庚回国定居后，更是将心血付之如哺子，不但大规模地修建集美学校校舍，而且探索教育教学新路，“欲图改革，必由增新教育始”。先生逝去，“集美学校继续办下去”的遗愿得到周恩来总理亲自指示“一定要把它办得更好”。虽遭“文革”浩劫，几于瘫痪，但历经磨砺的集美学校很快又复办、复苏，并迎来了快速发展的振兴期。

图 1-11　集美大学校牌揭幕仪式

1990年代初拉开的组建集美大学序幕，标志着集美学村已迈向新高度、新征程。

陈嘉庚生前，原集美学村的范畴还只是俗称“集美学校”。至改革开放后，集美学村的各级各类学校发展已超越“集美学校”的概念，因此“集美学村”之称，才被广泛应用。

集美学村是我国近代教育体系的缩影，拥有了从幼儿园、小学、中学、职校到大学的完善的教育体系和完备的教育设施。依托于集美学村，目前集美文教区已有中科院环境研究所、集美大学、华侨大学厦门校区、厦门理工学院等14所高等院校及科研院所、10多万在校师生，目标是建成全省乃至全国高级人才培育中心、科研与交流中心、创新中心与产业化基地。

附：集美学村各校创办脉络

1894 年，建立“惕斋学塾”；

1913 年，建立集美小学校；

1917 年，建立集美女子两等小学校；

1918 年 3 月 10 日，集美师范与集美中学同时开校。同年 12 月定名为“集美师范学校”；

1919 年 2 月 18 日，创办集美幼稚园；

1921年，在集美创办厦门大学；

1927年2月，原集美学校女子师范部改为集美女子初级中学；

1927年，原集美学校高级水产航海部改部为校，并于1935年易名集美高级水产航海职业学校和集美高级商业学校；

1927年，原集美学校农林部改部为校，并于1931年改办集美高级农林学校，至1934年，改为集美农林职业学校；

1931年，创办集美试验乡村师范学校，于1933年并入集美师范学校；

1951年，增办集美水产商船专科学校，1952年与厦门大学航务专修科合并为国立福建航海专科学校；

1953年12月，集美学校开办华侨学生补习学校，1957年8月，该校兼办侨属子女补习学校；

1958 年 3 月，水产航海学校分为私立集美水产学校和私立集美航海学校；

1959 年，集美财经学校、厦门纺织工业学校、泉州食品工业学校合并为集美轻工业学校，1960 年易名集美轻工业学院；

1971 年 9 月，上海水产学院迁址集美，易名厦门水产学院；

1974 年，在集美航海俱乐部创办福建体育学校，1978 年 12 月，在原址复办福建体育学院；

1979 年 1 月，以 1975 年迁入集美学村的厦门师范的大专班为基础，办厦门师范专科学校，1980 年易名集美师范专科学校；

1982 年，集美华侨补习学校开办中国语言文化学校，1997

年在集美并入华侨大学，升格为华文学院；

1994年10月20日，根据陈嘉庚遗愿，由集美航海学院、厦门水产学院、福建体育学院、集美财经高等专科学校和集美师范专科学校合并，组建为集美大学；

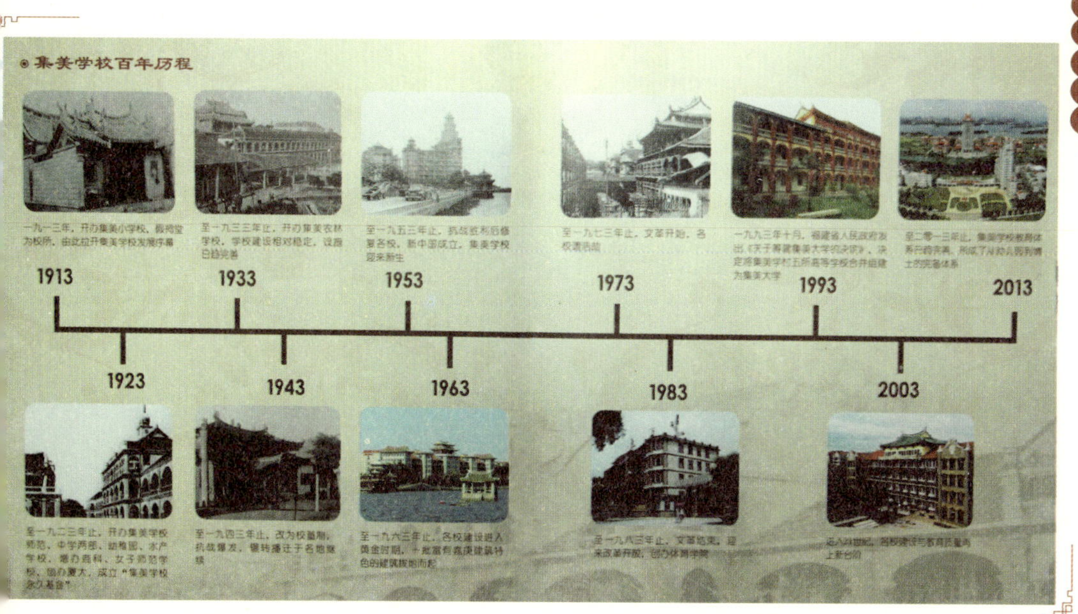

图1-12 集美学校百年历程

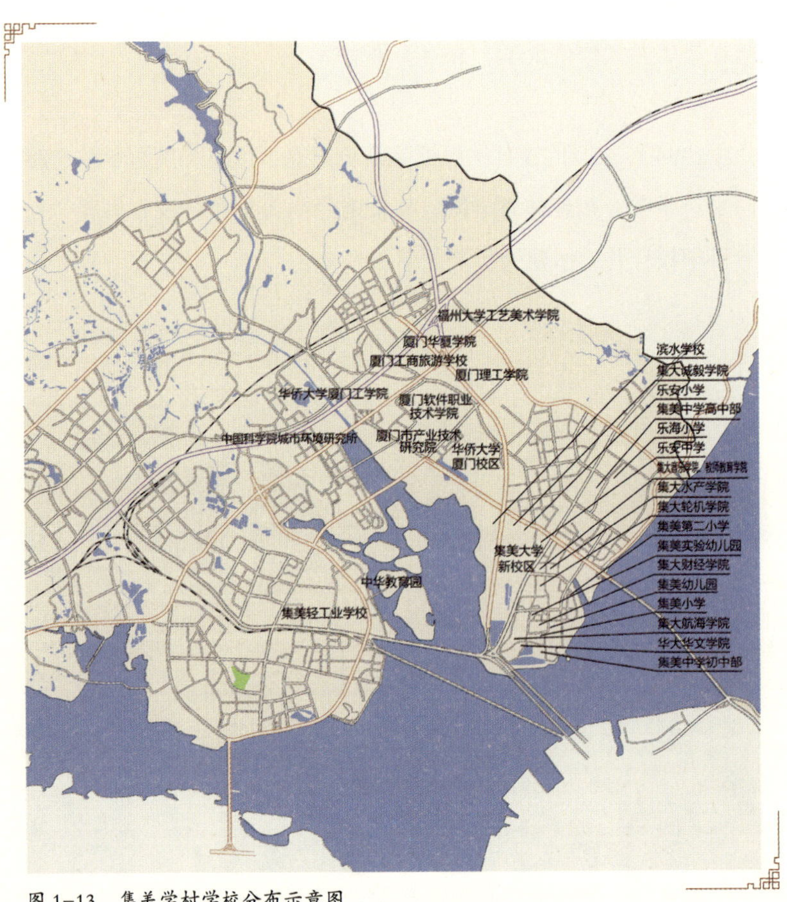

图 1-13 集美学村学校分布示意图

至2007年，集美学村又增加实验幼儿园、小金星幼儿园、华侨经典幼儿园、集美第二小学、集美大学诚毅学院等10多个新成员，早已形成包含学前教育到初等教育、中等教育、职业教育和高等教育的完整教育体系，成为“集美人文的摇篮”。

二、集美学村分布

集美学村狭义地域范围集中于集美，广义范畴应包含在某些时间节点内，由于办学过程中的种种内外因素，或外迁、或合并、或有渊源的多地多校。抗战时期内迁至大田、安溪、南安等地的集美各校旧址就极具典型性，如大田县就建立了集美职校播迁大田历史文化长廊和旧址教育基地，并传承学村文化，将之命名为“第二集美学村”，该地至今仍然保留着集美路、集美井，那里曾经书声琅琅的集美职校的森林课堂和一幢幢老房子，向人们述说着这一历史记忆。当年陈嘉庚致叶渊函规划集美学村范围应包

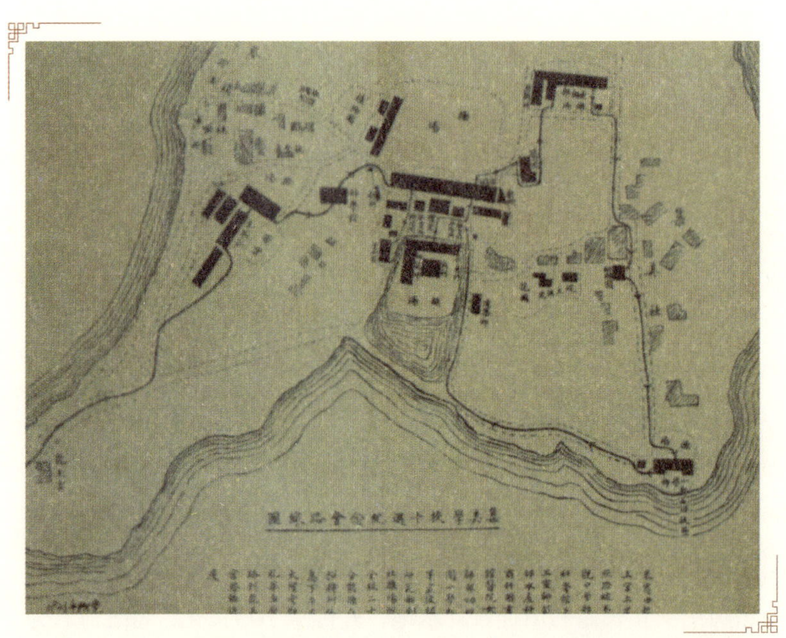

图 1–14　1923 年集美学校举行建校十周年纪念会，邀请社会各界人士及校友来校参观，当年的参观路线图显示了当时集美学校的整体校舍分布情况

括整个集美半岛，所定的学村四至：北以天马山为界，南尽海，东及郑延平故垒及鳌头宫，西抵岑头社及龙王宫，“况诸承认赞成我学村者绝无计较界线，弟是以赞成全半岛较为清白易知”。如今的集美学村物理空间有界，而学村文化无界。

附：集美学村建设情况

第一阶段：1918 年至 1925 年。学村建筑按楼群分布，可分为集美小学校舍、师范和中学校舍、水产航海与商业学校校舍、女中与女师校舍、农林学校校舍、幼师与幼稚园校舍、公共机关建筑。校舍建筑有居仁、尚勇、立功、立德、立言、约礼、博文、尚忠、诵诗、即温、明良、延平、允恭、肃雍、文学、敦书、务本、崇俭、瀹智、葆真等 20 栋，累计 50 层，481 间，建筑面积 3.6 万余平方米，加上公共建筑总计 26 万余平方米。

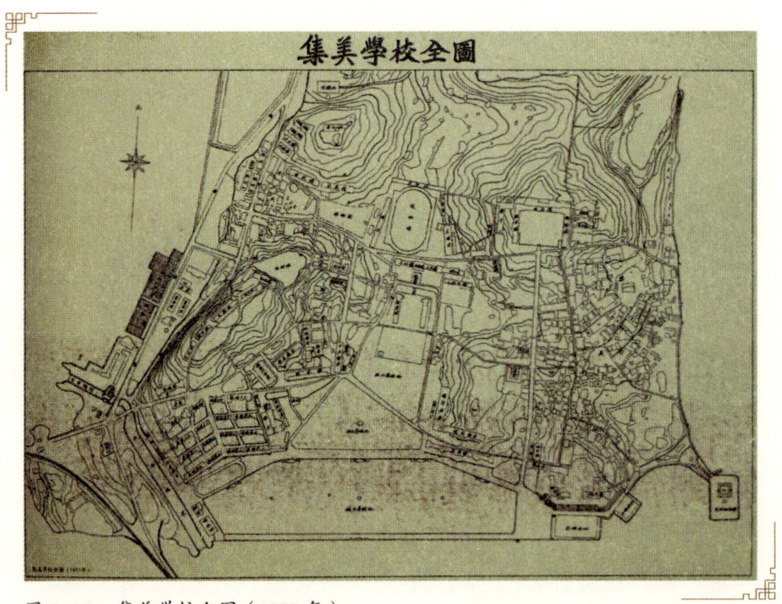

图 1-15　集美学校全图（1955 年）

第二阶段：1951 年至 1961 年，建成南侨建筑群和以南薰楼建筑群为代表的大型建筑两部分。南薰楼如今已是集美学村、乃至整个集美的地标。10 年间，集美学村扩建面积达 16 万平方米，仅校舍面积就扩大 3 倍多。

第三阶段：1994 年集美大学成立前后的校舍建设。占地 73.33 万平方米，新建校舍总面积达 60 万平方米。

图 1-16　1918 年 4 月，陈嘉庚、陈敬贤为集美小学和集美学校立下的诚毅校训

三、集美学村的“标记”

1. 校训：诚毅

1918 年 4 月，陈嘉庚、陈敬贤为集美学校立下“诚毅”校训。

“诚者，天之道也；诚之者，人之道也。”（《中庸》）

“士不可以不弘毅，任重而道远。”（《论语》）

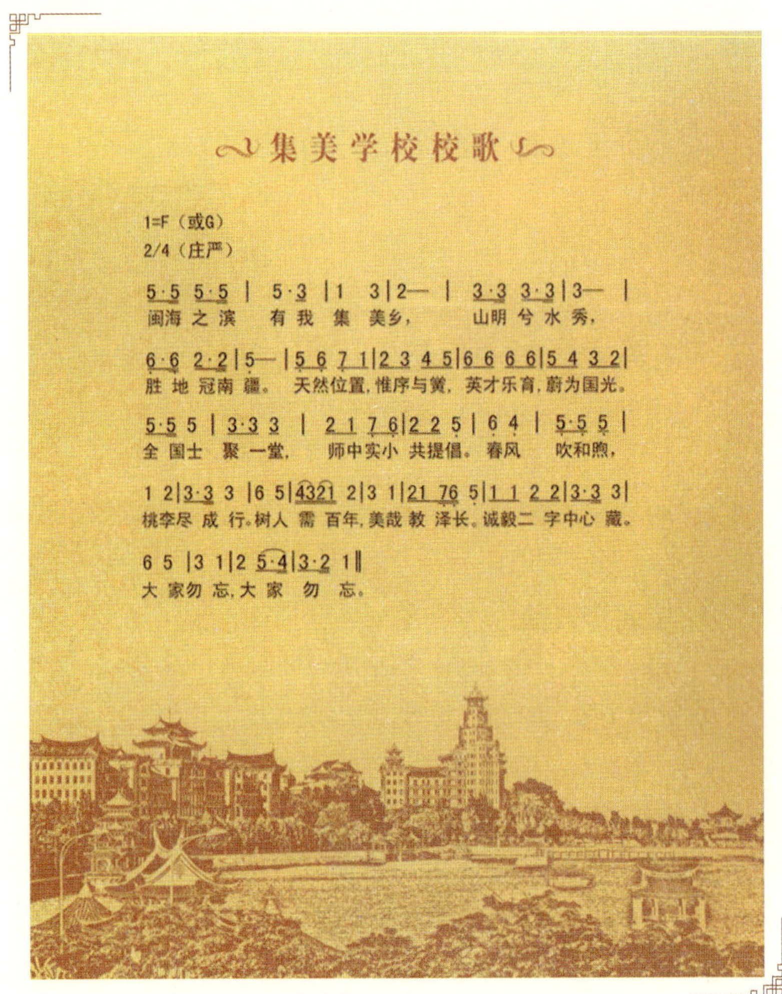

图 1–17 1918 年 2 月确定的集美学校校歌

2. 校歌：《福建私立集美学校校歌》

闽海之滨，有我集美乡；山明兮水秀，胜地冠南疆。天然位置，惟序与黉；英才乐育，蔚为国光。全国士聚一堂，师中实小共提倡。春风吹和煦，桃李尽成行。树人需百年，美哉教泽长。“诚毅”二字中心藏，大家勿忘，大家勿忘！

3. 校徽

图 1-18　集美学校校徽（集美二字环抱祖国山河图案）
图 1-19　集美大学校徽

图 1-20

图 1-21

图 1-20　厦门海洋职业技术学院校徽
图 1-21　厦门轻工业学校校徽

4. 校庆日

集美学校校庆日以 1913 年 3 月 10 日（集美小学开办日）而定。

图 1-22　1921 年，集美学校小学部钟楼

5. 钟楼

集美学校早期的公共建筑之一，钟楼目前是一座象征性建筑，是早期集美学校的“入境标志”。

前身是陈敬贤于1918年督建的三层水塔。1924年，集美学校初具规模，为统一所辖各校、部的作息时间，便在水塔上加建一层，安放一大铜钟改建为钟楼，学校以敲钟为号，统一全校的活动时间。1933年，钟楼改建为五层，并把原来放在集美小学木质校舍屋顶正中的大时钟移到钟楼顶端，塔顶上还加上铜板镂刻而成的“集美学校廿周纪念”。钟楼是集美学校风雨沧桑的历史见证。

图 1–23　学校军乐队在军乐亭前留影（1933 年）

6. 军乐亭

俗称“八角亭”，1923年，校长叶渊言，“可为吾校历史上生色者有二事，一为大校主之五十寿辰，一为集美学校之成立为永久和平村”，认为，“不可不有以为之纪念，乃发起建筑介眉、永和二亭”。陈嘉庚闻之此事，坚决反对，因介眉亭已在建，且费用是学校师生捐款，欲自愿出资，退还捐款，“将建二亭之工程，改为建筑一军乐亭”。1925年建成的军乐亭不仅是集美学校军乐队练习军乐的地方，也是师生乘凉憩息之所，堪称学校一胜。1959年，军乐亭遭遇台风正面袭击而坍塌，却留下了不建介眉亭而建军乐亭的一段佳话。当年陈嘉庚信示，“俟十年后，弟能克有终二校，毕生确有裨益社会及基金巩固者，许时不唯区区一匾与一亭耳”，可见先生不慕名利的高风亮节。

四、集美学村与世界上其他“学村”相比肩

世界上以学成城的例子有许多，集美各学校因其独特的发源形式而形成别具一格的学村文化，“校在村中、村在校中”，故名“集美学村”。而其他则多以“大学城”相称，较为著名的有：

波士顿大学城：拥有众多学院及名校，是世界上数量及质量均名列前茅的大学集中地。包括哈佛大学、麻省理工学院、波士顿大学、东北大学、塔夫茨大学、布兰迪斯大学、维尔斯利学院、马萨诸塞大学波士顿分校、福萨科大学、西蒙斯大学、伊曼纽尔

学院、罗克斯伯里学院、巴克山社区学院。

剑桥大学城：剑桥大学成立于1209年，早年，大学所在的剑桥地区还只是一个不知名的集镇，后来，随着学者的聚集，这里的办学规模不断扩大，经过数百年的积累，如今的剑桥市，已经是英国剑桥郡下面的一个人口超过十万的小城市了。虽说剑桥曾有Town（指当地人）和Gown（指学生）之说，但因其处处与大学相关，已发展为密不可分的城中有校、校中有城格局，故被称之为“城市即大学”。

牛津大学城：牛津是英国英格兰东南区一座文化古城，有着逾千年的历史。早在一千多年前，这里就已经是英国皇家学者的摇篮。1096年，牛津大学建立后，培养了数以万计的高精尖人才。知名的校友有雪莱、霍金、王尔德、培根等。因其规模巨大，被称为“大学里有城市”。

图 1–24　集美学校全景

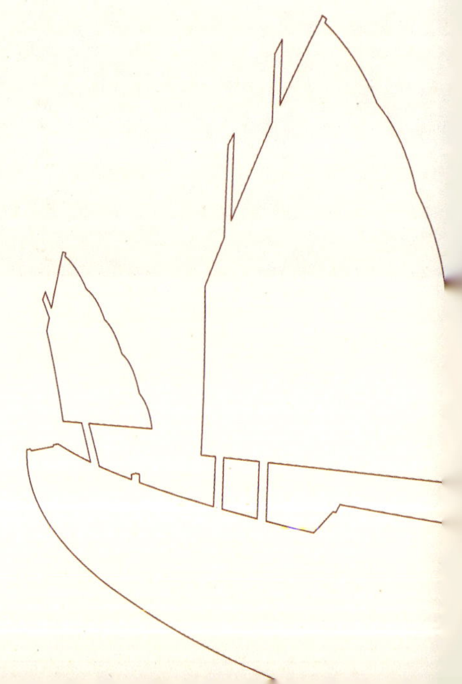

第二章　集美学村的阶段色彩

花大气力也需要一个着手点。陈嘉庚先生的宗旨是应社会之所需。

最初，着眼于提高国民素质，针对农业大国，要提高农民、渔民、商人的素质；最终，为科学强国办大学。同时也体现了有教无类、寓教于乐的办学理念。

按早期的建校、兴科顺序来看，集美小学校、集美女子小学、师范、中学、幼稚园、水产科、商科、农林部，无不是极其实用的。

一、集美学村始于兴学的务实精神

陈嘉庚很早就认识到“教育，关系儿童最为重大。教育落后之我国，缺憾甚多”，而见乡里儿童“终日虚费光阴，到处皆是。见此情景，心颇感慨”，于是小学校、中学、幼稚园都纷纷建立。

集美学校的“闽南小学教育研究会”已经着力于初等教育的研究、改进。集美学校小学部老校门曾经用两旁门柱上的文字质朴地表明了心迹，一边写上“教师的苗圃”，一边写上“儿童的乐园”。

图 2-1　1925 年 6 月 1 日，集美高级水产航海实习船“集美一号”第一次远途航行，进行长达五个月的实习

图 2-2　集美水产航海学校学生在进行气象观测（1925 年）

图 2-3　集美水产航海学校二号实习船（1925 年）

图 2-4　1970 年代，集美航海学校学生上育志轮实习

陈嘉庚认为“女子亦当受教育”，这无疑是对千年封建传统的一场挑战，是一场革命。动员一个女孩入学，就其意义和难度而言，都不亚于风水之动迁。集美女子小学的成立，就是打破封建旧俗。学校不但免除学费，还另给入学的每位女生每月发放一两元的生活津贴。

生于海边，又漂洋过海的陈嘉庚，深知“欲兴航业，必须培育多数之航业人才”，于是1920年就开办水产科，“造就渔业航业中坚人才，以此内利民生，外振国权”。仅办水产科的前十个年头，就给学校购置教育仪器、标本数千件，先后雇人建造或从国外购进“集美一号”至“集美四号”四艘实习船，五艘练习艇，遍历中国东南沿海各省，所拥有的拖网渔船总吨位位居全国前列。不但建立海上训练基地，还开设了水产养殖场、水族馆、渔具实习场，更懂得带领学生深入渔区进行渔业生产调查。学生两年学基础知识、两年学专业知识、一年上船，这样的系统培养让集美学校的水产航海人才服务全国、走向世界。1936年毕业的宣巨成，曾以令人信服的扎实专业功底与实践能力被聘任为世界上最豪华

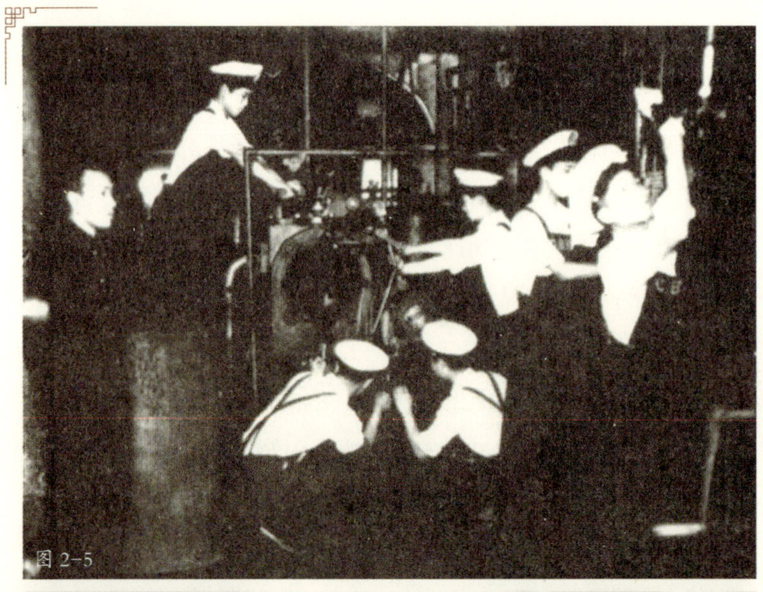

图 2-5　集美高级水产航海职业学校学生在机舱实习（1947 年）
图 2-6　集美试验乡村师范学校师生合影（1933 年）

的客轮“伊丽莎白”号船长；2014 年 11 月 18 日，习近平总书记在澳大利亚访问期间，到停泊在霍巴特港区的代表我国先进航海科技的南极科考船“雪龙号”参观时，亲切接见了与船人员，其中船长赵炎平、领队袁绍宏、站长徐宁都是集美大学航海学院毕业的。集美学校办校早期就深谙一个专业就是一个体系，所以水产航海学生还必须上知天文，天气、气压、气温、湿度、风云，一一制表记录，下知地理，地质、海流、潮汐、水路、港湾、水族、渔场，处处标识。“允恭楼”楼顶上“乘风破浪”四个大字，早已成为现实。

陈嘉庚在南洋从商多年，深知商业人才对于振兴经济的重要性。他不但开办商科，还早早就将消费公社、储蓄银行作为学生实习训练场所，先见实践与学习俱进的必要。数十年来，南洋商业界领袖不少是集美校友。

集美试验乡村师范学校的创办，就是典型务实之举，高效地培养了大量乡村师资，间接解决了儿童的教育问题，更是为长远

图 2-7 农林学校学生在鳌头岗采集标本留影（1933 年）

改变国民素质打下扎实基础。师范附设实验小学、幼稚园的做法也让师范教育直接有了用武之地。学校提倡“教学做合一”的全新教学方法，“会的教人，不会的跟人学”。在课程设置上，中心学校的“教学做”占50%，承担校务的“教学做”占20%，改造社会环境的“教学做”占20%，依个人兴趣选修其他“教学做”占10%。更有创新之处在于，学生没有分高低班级，不划毕业期限，做到农民承认你是他们的好教师才算合格。始终贯彻“生活教育”的宗旨与健康的体魄、劳动的身手、科学的头脑、艺术的兴趣、改造社会的精神五个目标，使乡师的学生都比较实学致用。20世纪30年代初曾在集美乡村师范就读的著名诗人鲁藜无比骄傲地说过：“我们的乡师就是以田野为课堂，以社会为学校，没有高大的所谓学府的围墙同人民群众隔离，相反的我们乡师却是和人民群众思想相关，和时代前进的步伐息息相关，和祖国的命运息息相关。”

可直接改善民生的农林部（后改为农林学校）正是力图以此最快改变农村经济衰落的现状。其实践性最为突出，有时直接至田间地头教学，也同步传递了农林知识给民众。农林部又专门开办农林场，并附设加工场。

学校创办宗旨是创始人的精神体现。集美学校初期就强调教师在教学中尤其要重视对学生进行品格教育，教员兼任指导员，共同形成了良好的校风。详见《学生须知》之操行标准：

操行

第一条 学生操行，每学期品评一次。

第二条 学生操行，由区主任会同指导员评定之。

第三条 操行分为甲乙丙丁四等，丙为及格；丁为不及格，得令其退学。

第四条 学生操行，依下列之标准评定之：

（1）诚实。（2）毅力。（3）礼节。（4）勤勉。（5）纪律。

（6）整洁。（7）友爱。（8）公德。（9）俭朴。（10）服务。（11）勇敢。（12）反省。

附则

第一条 本规则有未妥处，得由区指导委员会提议，经校长之同意修改之。

品性考查标准

（一）诚实

最优

（1）忠于视事。

（2）实践信用与义务。

（3）不作浮夸虚伪之言。

（4）戒绝武断。

（5）作正当之游戏。

（6）待人诚恳不欺。

最劣

（1）贪冒人功。

（2）不顾信用与义务。

（3）好作轻薄浮夸之言。

（4）偏于武断。

（5）作不正当之游戏。

（6）待人诈伪。

（二）毅力

最优

（1）尝试不成，仍继续前进。

（2）做事不中辍。

（3）当行即行。

（4）不肯私自放松一步。

（5）肯负责任。

（6）对于负责操作之分量，过于常人。

最劣

（1）稍遇阻碍即为之气馁。

（2）事未竣，即置弃之。

（3）遇事延迟。

（4）私自苟安偷懒。

（5）不负责任。

（6）稍遂其要求，即示满足。

（三）礼节

最优

（1）对待各人，有相当礼貌。

（2）尊重父母师长及领袖的职权。

最劣

（1）对人傲慢。

（2）不尊重父母师长及领袖之职权。

（四）勤勉

最优

（1）不任意缺课。

（2）有知识上的好奇心。

（3）充分利用机会，做各种有益的事情。

（4）常复修已习的功课。

（5）阅览课外有益的书籍。

（6）不浪费时间。

最劣

（1）任意缺课。

（2）缺乏知识上的好奇心。

（3）漠视机会。

（4）已习功课，绝不温习。

（5）阅览无益的书籍。

（6）好空谈、好戏谑。

（五）纪律

最优

（1）不以个人的自由，妨害他人或团体的自由。

（2）做事有条理。

（3）做事有定时定地。

（4）思想与行为一致。

（5）遵守规则。

（6）重视训练。

（7）服从公证人之判决。

最劣

（1）任意妨害他人或团体的自由。

（2）做事无条理。

（3）做事无定时与定地。

（4）思想与行为不一致。

（5）不遵守规则。

（6）破坏训练。

（7）不服从公证人之判决。

（六）整洁

最优

（1）维持公共卫生。

（2）衣服被褥，常洗濯整洁。

（3）常保持思想语言及习惯上的清洁。

最劣

（1）不注重公共卫生。

（2）衣服被褥，污秽及不整洁。

（3）思想错误，言语鄙俗。

（七）友爱

最优

（1）对人待物，有和乐的表示。待各人如朋友，视同学如兄弟姐妹。

（2）对人一视同仁，不存阶级观念。

（3）抱有民主的精神，而不顾争权夺利。

最劣

（1）常盛气凌人。

（2）以强凌弱，以众暴寡。

（3）攘夺他人之权利。

（八）公德

最优

（1）爱护公家的物力。

（2）尊重他人的自由和安宁。

（3）尊重公共意识。

最劣

（1）损坏公家的物力。

（2）蔑视或妨碍他人的自由和安宁。

（3）蔑视公共意识。

（九）节俭

最优

（1）服饰日求朴素。

（2）节省日用不必要的用费。

最劣

（1）好着华美服饰。

（2）用费毫无节制。

（十）服务

最优

（1）热心参加有价值之团体活动。

（2）宁牺牲个人私利，不忍阻碍团体之幸福。

（3）乐与他人共事。

最劣

（1）对于有价值之团体活动，表示一种漠不关心的态度。

（2）坚固私利，以妨害团体之精神与幸福。

（3）喜过孤独的生活。

（十一）勇敢

最优

（1）对于自己意思，肯爽直表出。

（2）遇困难工作，能勇往直前。

（3）有坚强的判断力。

最劣

（1）对于表示自己的意思，往往踌躇。

（2）遇困难工作，即抱悲观。

（3）不自信其判断，甚为懦怯。

（十二）反省

最优

（1）勇于改过。

（2）勇于认过。

（3）犯过失后，有懊悔之表示。

最劣

（1）常犯同一的错误。

（2）饰词文过。

（3）无懊悔之表示。

集美学校启程的每一步都脚踏实地、砥砺前行，以上这些早期即具备的办学特征都是务实不虚之举，其他还有诸多。

陈嘉庚明确提出，“至于体育活动，为教育中一重要之科学，虽主旨在训练健身，然对于道德精神关系更为密切，若注意体育而忘道德之现象，深可慨叹者也”，意识到体育成为学生在运动实践中精神追求的一种目标，具有强大的精神能量和极高的教育价值，能够产生震憾、崇高、激励、鼓舞、教育、启迪、高峰体验等一系列效应。如果学生的体育成绩不达标，会影响升学甚至毕业。集美学校建校初期即建造大操场、运动场、网球场、游泳

池等各类场所，仅大型足球场和四百米跑道一项就为当时全省之冠；实践活动更是将“学”与“村”、“学”与“海”、“学”与“社会”完全连为一体，无形扩大了学校范围和影响力。

为加强“侨”与“乡”之间的联系，学校鼓励、帮扶侨生就学，并为侨生提供了最为便捷的途径。优越的办学条件、先进的教学理念，引来众多海外侨生，甚至“印尼糖王”黄仲涵还特意拜托陈嘉庚开介绍信将其五子黄宗廉送来就读。集美学校故有“侨生摇篮”之说。

“盖有教无类，乃教育之目的”，在陈嘉庚话语间，我们能清晰感受到其普及教育之理念早已生成。1924 年即成立的“教育推广部”以及之后陆陆续续出现的“民众教育委员会”“通俗夜学校”“妇女工读夜校”“平民工读夜校”“民众学校”“战时妇女学校”等，都旨在扩大不同人群受教育之途径。

图 2–8　大操场（1933）
图 2–9　钟楼（1933）

图 2-10

图 2-11

图 2-10　网球场（1933）
图 2-11　泳池（1933）

图 2–12　约礼楼，建于 1920 年，西侧楼上为闽西南党支部书记、东侧楼上下为闽中女生党支部书记领导革命活动主要场所

二、集美学村的红色记忆

集美学子不但谨记“诚毅”校训，还根据北宋政治家王安石两句诗句“丈夫许国当如此”和“丹青难写是精神”，将其概括成“许国心丹”，来表达拳拳报国之心。

厦门是闽西、闽西南，乃至福建的新民主主义革命的发源地，这与陈嘉庚创办的集美学校最先发起福建的新文化运动，最先在八闽大地上传播马克思主义学说有着密切关系，这也与集美学校，特别是集美学校师范部为中国革命培养和输送了大批革命人才是分不开的。所以说，集美学校是厦门地区宣传马克思主义的早期

图 2-13

图 2-14

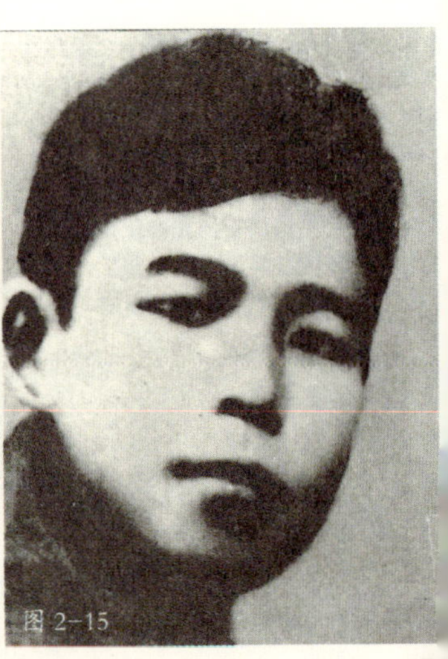
图 2-15

图 2-13　罗明（1909—1987 年），广东大埔县客家人。1920 年代初，罗明在集美师范求学时，接受了无产阶级革命新思想。当时，国共实现第一次合作，他与广东社会主义青年团区委取得联系，在集美成立国民党左派组织，与该校进步师生一起领导革命活动。1928 年去莫斯科出席中共第六次全国代表大会，1931 年后任中共闽粤赣特委组织部长、福建省委代理书记。

图 2-14　李觉民 (1902—1970 年)，福建永定人，早期的马列主义传播者之一。1921 年进入集美师范读书。在校期间他主动写信与在上海的共青团中央联系，汇报思想和闽西南政治、社会情况。随后，他被团中央聘为通讯员，并受委托代售《向导》《中国青年》《独秀演讲集》等革命书刊，以传播马列主义。他积极联系、组织同学研习这些书刊，建立了“星火社”，还出版《星火周刊》，向读者通俗生动地宣传马列主义和中国共产党人的主张，在闽西南影响颇大

图 2-15　罗扬才（1905—1927 年），广东大埔人。曾任中共闽南特委委员兼中共厦门市委组织部长、厦门农民协会会长1921 年 3 月到集美学校师范部学习，1924 年毕业后考入厦门大学预科班，1925 年 12 月升入教育系，并参加学生会的领导工作。1925 年，上海“五卅”惨案发生，为了支援“五卅”工人斗争，他参与组织学生集会示威游行和罢课，深入工厂发动工人。1927 年 4 月 9 日被捕，5 月 23 日就义，时年 22 岁。

阵地，不仅是福建省共青团组织诞生的摇篮，也可以说是福建第一个共产党党支部的摇篮，更是闽南的革命摇篮和闽西南早期革命活动中心。

（1）革命摇篮：陈嘉庚办学采取了经济上优惠的办法，招收来自国内各地的贫困青年学生和侨生。他们的出身与经历使其具有革命潜质，易于接受新事物、愿意迎接变革。厦门早期的共产党员罗善培（罗明）、罗扬才、杨世宁、李觉民等都曾就读于集美学村。

（2）革命背景：陈嘉庚创办集美学校时，正值俄国十月革命、中国新文化运动、五四运动和中国共产党诞生等国内外重大事件频发时期。新文化、新思想在中国大地广泛传播，对集美学校产生极其深刻的影响。

（3）进步读物：这一时期的集美学校，反映各种思潮的报刊同时并存。“凡中外图书杂志，均力为购置，旧棐新犁，兼收

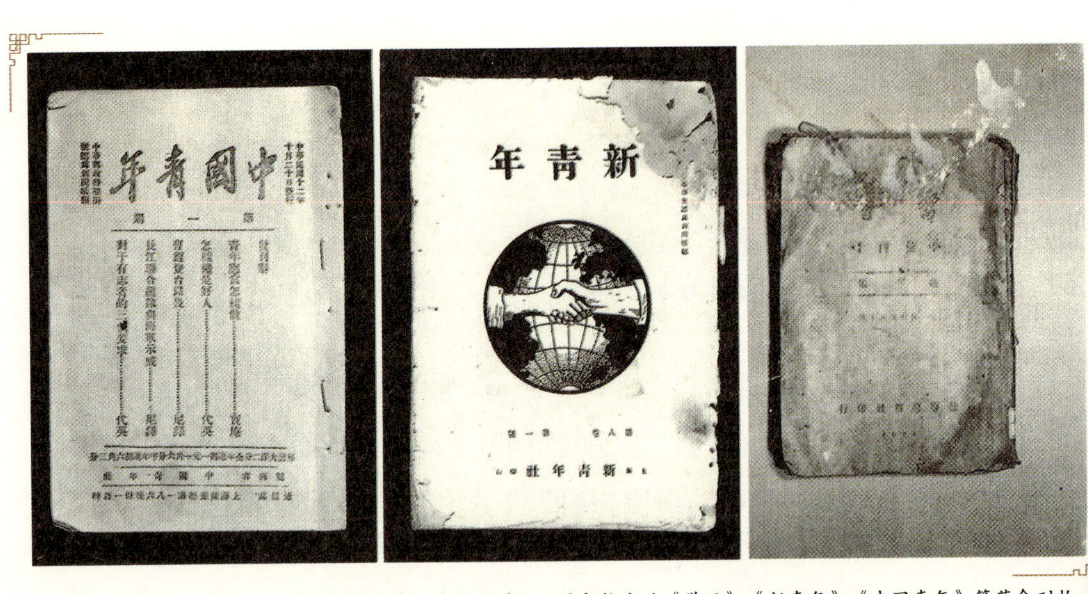

图 2-16　罗明、李觉民、罗扬才等先进青年在集美学校师范部推广的《学习》《新青年》《中国青年》等革命刊物

并蓄”，学校图书馆藏有大量进步和革命读物。《马克思主义学说》《共产党宣言》等书籍能够在学生之间传阅。《民钟》《奋斗》《醒狮》《新青年》《向导》《每周评论》《人民周报》《中国青年》《社会主义讨论集》《独秀演讲集》《工人流血记》等各刊物派发于学村各处，为集美学校师生接触新思想，探索救国救民的道路提供了良好的精神食粮。

（4）自由争鸣：陈嘉庚倡导“开放民主、兼容并蓄”的办学方针，重视学术争鸣，使师生们的进步思想十分活跃。国文教师陈问涛以“劳工神圣”为题的师生大讨论，“学生自治”“我的人生观”“热血之精神、为救国之牺牲”等等演讲，以及《集美周刊》《自由之半月刊》等学生主办的进步刊物，都表达了改造旧社会、建设新社会的愿望和主张，一时间自由争鸣的风气日益浓厚。

（5）传播影响：以同安籍入学集美中学的台湾学生翁泽生，在台北组织爱国青年学习、讨论，他在“台湾文化协会”上，向会员介绍祖国大陆的革命源流、集美学校师生的思想活动，揭露日本殖民当局在台湾的种种暴行，并在上海参与了台湾共产党的建立。师范部学生陈正，与曾牧村、胡永东等集美同学邀集家乡永定在外求学的进步青年 42 人，组织成立了以“改造社会、改造思想”为己任的晨钟社，并出版社刊《钟声》，组织金丰新剧社深入农村传播新思潮；后又建立永定青年协会，出版《革命前锋》刊物，为开展武装斗争奠定了思想基础。杨世宁、谢景德、李联星、陈国华、张旭高、谢宝萱等龙岩籍的集美同学在厦门创办了《新龙岩季刊》和《到民间去》，对马克思主义在厦门的传播起到了积极作用。集美学校进步学生罗扬才也在厦门市区组织了闽南文化促进会，进一步介绍救国救民的道理。

（6）党团组织：1924 年，由集美学校学生组成的革命组织福建青年协进社成立；1925 年，共青团广东区委接受罗善培的建议，派人来到集美学校，配合集美进步青年李觉民、罗扬才、刘瑞生、邱泮林、罗良厚、罗贤开（刘祥才）、罗调金（罗朝正）7 人，在集美学村三立楼建立起闽西南第一个共青团支部——共青团集

美学校师范部支部；1926 年，转学到厦门大学读书的罗扬才、李觉民与罗秋天在厦门大学囊萤楼成立了福建省第一个党支部；同年，党团混合的厦门特支干事会成立，下设七个支部；就在这一年，毕业于集美学校的胡永东、王奎福跟随北伐军回到永定，与阮山共同成立中共金丰支部；1927 年，集美工人党支部成立；同期，中共闽南特委组建，并成立了中共厦门市委，其中绝大多数领导者及骨干成员都是原集美学校学生。

（7）声援运动：1919 年五四运动后的中日“二十一条”签定 4 周年当天，集美学校停课一天，召开国耻纪念会，举行反帝爱国集会。仅 1925 年内的几个月，就有一系列活动前后接踵。春刚至，国民革命兴起，集美学校即自上而下恢复成立原有的学生自治会组织，开展各种学生运动。4 月，在学校举行孙中山先生追悼大会前后，宣传革命的三民主义主张，宣传国共合作和“联俄、联共、扶助农工”三大政策，扩大国民革命的影响。5 月 1 日，学生自治会接着举行声势浩大的纪念五一国际劳动节大会，引来校外筑路、打石工人闻讯参加。5 月 9 日，厦门举行“二十一条”

签定10周年“国耻日”游行，罗善培、李觉民等人带领福建青年协进社演讲股的集美同学到厦门市区演说，宣传国共两党反帝反封建主张。“五卅”惨案后，集美进步学生参加了厦门学生联合会和厦门地区各界爱国力量的“厦门国民外交后援会”。6月6日，集美学生在厦门大学参加声援五卅运动大会。6月17日，集美学校教职员和学生组织的救国团，分赴集美附近村镇去讲演，还组织学生暑假期间回到各自家乡开展爱国运动。6月23日，英帝国主义在广州制造沙基惨案，集美学生再次走向街头，参加厦门全市63个团体约五千人的示威大游行，迫使英国驻厦门领事要求和平解决。1926年集美学校一批党团员前往同安庆祝北伐军胜利，顺请北伐军宣传员到集美学校演讲，并在大礼堂召开了欢迎革命军大会。年底，又在厦门发动了反对帝国主义进行文化侵略的“非基运动”，影响波及全国。1928年，济南惨案激起了集美农林学校学生成立抗日义勇队，并进行军事训练。各校也进行反日大游行，并下乡、回乡宣传，唤起民众抗日。当年，与集美学校有关的最为激烈的运动事件，当属沉重打击国民党反动统治的永定暴动，其指挥者就是在集美学校学习过的卢肇西、陈正等人。集美学子在闽西革命，组建农军，开辟红色苏区的过程中发挥了中坚力量。1929 年 8 月 1 日，中共集美支部、共青团集美支部为国际赤色日发表纪念宣言，号召举行大规模示威游行，展现革命群众的力量。

（8）抗战后援：自 1937 年起，党组织先后选派中共党员林青、张连、白宗兰、侯如海、陈忠煌、叶文霸、洪邃明和林志群等人来到集美学校读书，秘密开展学生工作，发展党员，建立党的组织，培养党的干部。抗日救亡运动日益高涨之际，集美学校已成立了集美抗敌后援会支会，并公布了《集美师范、中学战时青年后方服务团组织与训练大纲》，各校也相继成立了战时青年后方服务团，各团下设宣传、募捐等队，组织儿童演讲队、歌咏队和戏剧团，下乡宣传抗战。还设有全体学生参加的军事训练队和部分学生参加的特种工作队，下设特务队、宣传队、交通队、救护队、防控队。集美学校在这一时期又日夜编辑增加了出版物《血花日报》《抗敌呼声》《抗敌漫画》《抗敌专号》《抗敌文艺》《抗战半月刊》等，以及组织“血花剧社”等，开展各种形式的抗日救亡运动。全校

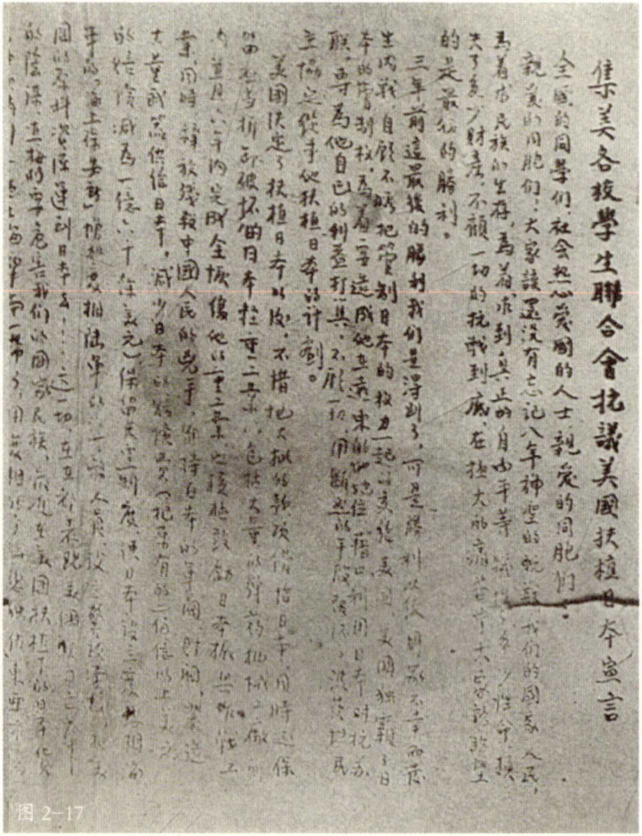

集美各校學生聯合會抗議美國扶植日本宣言

全國的同學們，社会热心爱國的人士，親爱的同胞們：

親爱的同胞們：大家該還沒有忘記八年神聖的抗戰[illegible]我們的國家，人民，為着市民族的生存，為着求到真正的自由平等[illegible]多少性命，損失了多少財產，不顧一切的抗戰到底，在極大的[illegible]的是最後的勝利。

三年前這最後的勝利我們是得到了，可是勝利以後[illegible]

[illegible]

图 2-17

图 2–17　集美各校学生联合会抗议美国扶植日本宣言
图 2–18　集美各校学生举行“反美扶日”游行示威（1948 年 5 月）

不但有捐款购机等义举，连集美小学都组织起儿童节约会。仅集美中学初中部就提供献金 60 万元购得 3 架“集美学校号”飞机，集美小学师生又捐款购买“儿童号”飞机，捐款额居同安县之首。更有一部分师生咬破手指头，写下“为国捐躯，不惜一切”“不灭日寇，誓不还家”等誓言而从军出征。1940 年，陈嘉庚抵达有着“第二集美学村”美誉的大田，做了“有枝才有花，有国才有家”的演讲，当年即影响了 86 位集美学子奔赴前线。就以一位归侨、集美学子陈康容 25 岁就义时的狱中诗来展现一众集美学子的英勇与无畏：“青春价无比，团聚何须提。为了伸正义，岂惧剥重皮。”抗日战争及解放战争时活跃在闽西南的“康容支队”，就是中共闽粤赣边省委为纪念这位宁死不屈的女英雄而命名成立的。

（9）迎接解放：随着抗日战争胜利，集美学校的党团员也随着学校重返集美，积极开展活动，集美的中共地下党组织在争取和平、民主和解放的斗争中得到恢复和发展。这一时期集美学校进步力量的主要精力落实在四个方面：坚持斗争，发展党员，扩大党组织；反蒋反美，游行示威，奔赴游击区；营救同志，统

战策反，配合解放军；保护学村，解放集美，迎接新中国。也正是有了集美学村及全中国的进步力量崛起，陈嘉庚才在 1948 年致陈村牧函中坦言，“在此恶势力未倒之前，对集校只有维持免关门就好。新民主实现后，必首重教育，不患无机会扩大”，至 1949 年 2 月更是致信陈村牧断言，“革命大功不日告成，此后定能兴利除弊，福国利民”。

时光荏苒，集美学村的红色记忆依然在现实中向我们诉说着那段往事，在今日学村的革命踪迹中仍可寻觅：

集美小学三立楼——厦门地区第一个共青团支部诞生地；

鳌园路集美中学延平楼——中共集美小学支部旧址；

集美小学敬贤堂——集美学校爱国师生集会场所；

侨英街道凤林社区——集美试验乡村师范学校遗址；

集美小学约礼楼——中共集美学校工委（闽中）女生支部旧址；

集岑路 6 号博文楼——中共集美学校工委（闽中）旧址；

集美小学瀹智楼——中共集美学校工委（闽中）高中支部旧址；

集美大学航海学院允恭楼——中共集美学校工委（闽中）高水支部遗址；

集美大学财经学院尚忠楼——中共集美学校工委（闽中）高商支部旧址；

浔江路 115 号文确楼——中共同安县工委（闽中）六月会议传达处；

集美街道鳌园路——李林园；

集美大学师范学院基石广场及雕塑——象征着第一个闽西南地区团支部的建立，由旗帜、火种、基石三个部分构成一个“1”字形雕塑。

第三章　集美学村的特色文化

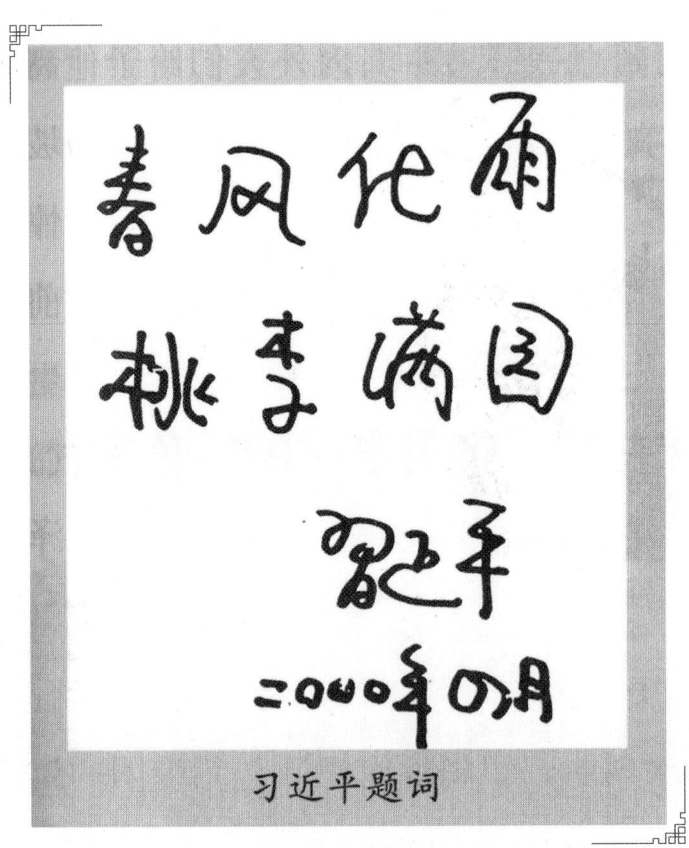

图 3–1　时任福建省人民政府省长习近平为厦门海洋职业技术学院题词（2000 年 4 月）

2000年4月，时任福建省人民政府省长习近平为集美学校题词：春风化雨，桃李满园。

集美学村“桃李满天下”，蜚声中外。先后被评为中国侨联首批全国性爱国主义教育基地、全国重点文物保护单位、国家级文化之旅胜地、福建省文明示范点、“厦门市十大城市名片”……

早在集美学村初具规制时，即被誉为“闽南教育之中心”“东南文化之中枢”。而且学校既开，一直延续至今，即使在抗战内迁时期也从未停办，正是靠着校主陈嘉庚的精神与财资支撑。当1919年陈嘉庚把自己在南洋的不动产全部捐作集美学校永远基金，并许诺把未来的赢利也捐出来时，就注定了集美学校就是陈嘉庚一生的心血，如此兴学，古今中外可有第二个人？当然，能长久地享有盛誉，也有赖于二校主陈敬贤、倾注心血的校长老师们、视校如家的学生校友们及鼎力襄助的志同道合者和关怀学校发展的有识之士……

图 3-2　陈嘉庚参观华侨补习学校联欢会

图 3-3　集美归国华侨学生补习学校牌楼门

一、集美学村的特色办学

1. 华侨补习学校和侨属子女补习学校

艳阳天，经过龙舟池畔，水面返来一道道金光，池畔四排十六座建筑群依势高低排列，红绿飞檐走瓦，引人注目；傍晚再过此处，晚霞映照，屋树倒影在池面铺陈出一幅诱人的画卷。这是今日的华侨大学华文学院。

1953 年，陈嘉庚在中央人民政府的批复与领导下，成立“集美华侨学生补习学校”；并于 1957 年，在中侨委的同意和支持下，

图 3-4

图 3-5

图 3-6

图 3-4　1923 年 5 月 9 日，集美海童子军集美号实习船

图 3-5　海童子军的必修课——操艇

图 3-6　海童子军的辎重车

兼办“侨属子女补习学校”。一时间，操着不同口音、不同语言者，甚至还有不同肤色的人，在校园中来来往往。1982 年，复办的华侨补习学校增设“集美中国语言文化学校”，因材施教，接收朝鲜、蒙古、印尼、缅甸、越南、日本、泰国、菲律宾、美国、法国、罗马尼亚、澳大利亚等地的华人华侨学生与侨属，以及港澳台同胞入学。1997 年，根据国务院侨办的指示，学校并入华侨大学。1998 年，集美补习学校及侨属子女补习学校几经变革与发展，正式挂牌华侨大学华文学院。

2. 国内首创海童子军

“醒兮，醒兮，大陆蛟龙起，虎视鹰国其危兮，共谋立足地，谁云稚子无勇气，艰难困苦非所惧……”1923 年 5 月 9 日，这首《童子军歌》响彻集美学村的每一个角落。集美学校于此时成立海童子军，这是全国最早成立也是仅有的海童子军（中国的陆童子军成立于 1911 年）。当时《申报》报道：“福建集美学校鉴于吾国海童子军事业需要之殷，特就水产一科创办海童子军一团，以为各地提倡，业已于本届该校十周纪念会期内正式成立，吾国之有海童子军当以此为嚆矢。”1925 年 6 月 2 日，集美海童子军驾驶学校设计建造，仅 31 吨小型汽油发动机船“集美一号”由厦门出发，经台湾海峡赴上海、江浙沿海实习，航行 2000 里，历时 5 个月，于 10 月 30 日凯旋安抵集美，创下了“片舟渡重洋”的壮举。

当世界海权论的奠基人阿尔弗雷德·马汉在《海权对历史的影响》中讲到“什么是海权？海权是凭借海洋和海上通道使得一个伟大的民族获得复兴的一切东西”时，他绝对不会想到，远隔万里的中国有一个叫严复的人也在甲午海战中总结惨痛教训，主张维护海权。而他们都没有想到，陈嘉庚不但在集美学村成立海童子军，用实践超越了他们的理论，还注入了“英雄出少年”的国人自信。

二、集美学村的特色活力

1931年，国立杭州艺术专科学校教授、著名画家孙福熙盛赞集美学校“为世界上最优良、最富活力的学校”。

集美学校之所以获此赞誉，被称“最优良”，当指名师云聚、学识深广，以及恢宏的校舍和现代化设施；称“最富活力”，则皆因处处有迹可循：

图 3-7　农林学校学生在劳动实习（1933 年）

1. 师生合作，共推学术

集美学校不同于传统私塾，不再是以“师道尊严”而隔膜师生，而是提倡家庭化的学校生活，师生同住同学同乐。训育大纲中提出：“特注重于积极工作，一面实行师生共同生活，采取无形的人格感化，一面积极指导，互相援引，广辟用才之路，以期养成学生自觉、自动、自治、自律的能力。”此模式有其浸染式效果，对当前教育极具借鉴意义。

2. 提倡劳作，崇尚简朴

不但是农林学校重劳作，连集美小学都成立了“生产委员会”。这虽与当时的时代条件有关，可提倡师生要参加一些必要的生产劳动，养成动手能力，更是与教育的学以致用及动脑动手、教学相长相辅相成，甚至对于当今世界所倡导的 stem 教学（本质上就是提倡学生动手解决问题）都具有先导性。

图 3-8　集美小学师生表演“小小画家”（1933 年）

图 3-9　集美学校第三届运动会文艺表演（1921 年）

图 3-10　集美女子小学游艺表演

图 3-11　学校军乐队

3. 重视体育、身心同步

集美学校把体育当成一门主课来抓，认为体育不但可以直接发展学生的身心，还在间接上增进学生的知识、道德。集美学校当年不但与来访的美国“黑鹰队”“匹兹堡队”篮球竞技，还参加国内各项赛事并屡获大奖，甚至多次赴香港、菲律宾等地为校争光。

4. 课外活跃、文艺摇篮

文学、音乐、戏剧、美术、书法、数学、理化、外语、时事等各种课程及研究会、训练队（类似现在的学生文艺社团），将集美校园打造成一个学术有所精、文艺有所长的人人向往之地。“搞乐队、音乐团、剧团、宣传队，孩子们统一在他的人格和艺术魅力之中”正是黄永玉关于集美学村的记忆，这也为今日集美之人文气息提供了发芽生长、百花齐放的土壤。

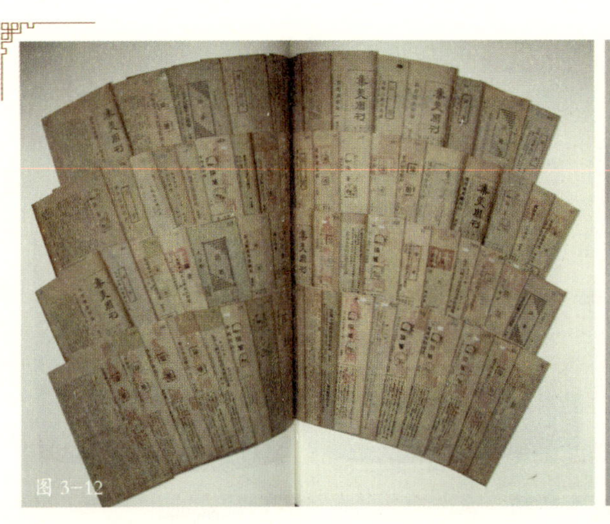

图 3-12　《集美周刊》
图 3-13　抗日宣传海报

其中,《集美周刊》与读书社尤为引人瞩目。1921年10月1日,本着“传播消息,研究学术,发表意见,交换知识”的宗旨,《集美周刊》创办并向国内外发行。闽南辛亥革命的先觉者苏眇公担任该刊总编辑。该刊对国内外形势和各种社会现象、学术问题进行自由探讨,猛烈抨击封建婚姻制度,极力主张妇女解放、实行男女平等,并同时报道学校动态,发表师生言论及作品。

在各种进步刊物探寻国家和民族出路、立志改造社会的背景下,一股以书促学、以书明思的读书会风尚席卷学村。集美学校在20年代就已经拥有一个规模较大、藏书丰富的图书馆,为当时全国学生所艳羡。读书群体相继办有“自由之半月刊社”,出版《自由之半月刊》,以及“星火周刊社”,出版《星火周报》。《星火周报》主要传播马克思主义和进步思想,成为厦门地区乃至闽西南地区第一份宣传和研究马克思主义理论、宣传中国共产党政治主张的革命刊物。读书会成员不但丰富了知识,传播了信息,还活跃了思想。其中不少人还勇于在校刊发声,并在浓郁的进步思想氛围影响下,积极走向社会,参加反帝反封建活动,走上了革命道路，为厦门建立共青团和共产党组织奠定了思想和组织基础。

三、集美学村的特色历史

1946年春，水产、农林、商业、高中、初中、小学各校，均在集美学校的原校址开学，结束了集美学校内迁艰辛又光荣的八年多历程。从1937年陆续内迁到1945年陆续迁回，集美学校在安溪、南安、大田及集美附近山区，因地制宜、勤学不辍，积极宣传抗日、征募捐资，谱写了一曲中华民族抗日救亡的壮丽诗篇。

内迁办学是教育不懈的一种坚持。办学者坚持，施教者坚持，受教者也坚持，共同的坚持就凝聚成一种精神。这些异地来集美

求学的学子随校再赴他乡；也有本是异地求学的内迁属地学生随校回到家乡继续学业；还有本可在家门口就学的集美子弟倒成了异乡求学者，这其中就包括被称为“校主族属生”的因战失学又复学的陈氏子女。炮火摧毁了他们的家园和学校，被耽搁的时间使他们成了超龄学生，但阻止不了他们升学的毅力。集美与安溪相距约 160 里，沿途崇山峻岭，羊肠小道崎岖难行，且有土匪拦道抢劫，十分艰险。他们结伴步行而往，一刻不忘校主的叮咛。在贫苦的学习环境中处处勤奋，不辜负光阴与校主的寄望，努力成才，他们中间诞生了陈自谦、陈顺言、陈国良、陈流等一批国家建设人才。陈嘉庚的宗氏乡亲奋发当先，前后不断涌现陈文确、陈六使等爱国企业家；陈水萍、陈天送、陈永定等先生的得力助手；以及各类出色人才。

最艰难的时期，集美学校的根基也没有动摇，因为这是一种无法摧毁的精神。1940 年，陈嘉庚到安溪关怀集美学校师生，发表了殷殷勉励师生的“校主训词”。感念患难的祖国同胞，面对坚守的集美师生，陈嘉庚自称“兄弟”，他相信，“我们就要得

图 3-14　陈嘉庚视察内迁大田的集美职业学校，与当地军政要人合影

图 3-15　1939 年 1 月，集美职业学校下辖的水产航海、商业、农林三校 14 个班 614 名师生内迁大田。图为在大田的校门及运动场之一角

到胜利。我们一定可以回到我们的集美去”，鼓励大家，“现在最幸福的就是你们这辈青年学生，能在这个艰难的时期读书，机会实在难得，你们现在才十几岁，再努力深造，到大学毕业，也不过二十多岁，年富力强为国家社会服务的时间方长，而且你们正要服务的年龄，就是国家建设大发展的时候，样样需要人才，所以说是青年前途大发展的时候”。在这种困难时期，还能抱有如此乐观的态度，来源于一种集美学村特有的自信，“希望诸位要抱着大公无私的精神，凭着‘诚毅’二字校训，努力苦干。我们集美学校创办的动机和目的跟普通学校不同，希望诸位深深来体会”。正是有了这份“不同”，才让集美学村文化历经洗礼而愈发醇厚。

1942年，集美校友会有感于陈嘉庚处时局之艰难，欲力尽其志共度患难，创造性地发起了“校友养校”的倡议：“母校创办已达29年，缔造维艰，维持匪易，全赖我校主血汗输将，苦心支持，斥资之巨，已达700余万元。自南太平洋战事发生，校主领导侨胞起而抗战，大敌当前，内顾未暇，此后复兴母校，我校友实责

图 3-16　抗战期间，集美各中等学校先后内迁安溪，合并为集美联合中学，图为校部安溪文庙（1938 年）

图 3-17　陈嘉庚向师生报告抗战形势

无旁贷。愿资群力，共护门墙，少或一金，多则数百，使校主逐月之担负可以减轻，母校复兴之基金亦得立集，众擎之力易举，百年大计以成。”据 1946 年 10 月的统计数字，那时各地校友捐献母校基金共达3400多万元。如今，百年大计已成，校友之力延绵，足以告慰校主和各位先贤。

异地放光彩。集美学校不但保存了教育兴国的种子，而且极大地促进了当地文化教育事业的发展。安溪县旅居海外的华侨名人，不少是那个时代的集美学生，当地人称，此期间是该县历史上继康乾盛世后第二个文化繁荣时期。内迁岁月里，集美学校获得了美国教育援华委员会的奖励和教育部优良中等学校的奖励，福建省教育厅特将省立高级水产职业学校委托集美学校代管。

异乡立风姿。天刚蒙蒙亮，集美师生听见起床号，就马上打好绑腿列队环城跑步，因为他们要避免敌机轰炸的危险，上课时间改在早上 9 点以前及下午 4 时以后。人人备好一块长形木板，两端系着绳子挂在脖子上，随时随地要做作业，人只须盘膝坐地，将板放在腿上，便可代替课桌。国文科增加了抗战宣言、诗文，历史科补充了“西安事变”“卢沟桥事变”，美术及音乐科则多为激励民族气节、宣传共赴国难的救亡画作和歌曲，地理科补充我国的交通和各海口位置形势，化学科有爆炸化学、毒气化学等战备化学，物理科有关于飞机、军舰、重炮、坦克车的性能及鱼雷、炸弹的威力，甚至紫外线、红外线通讯法，生物科有传染病之预防、细菌与传染病之关系、敌人应用细菌战的防范等，体育科则组织武装竞走、掷弹、游泳、爬山、夜行军等运动，劳作科也把消防器具、防毒用品、救护用具、兵器模型等搬上了课堂。

四、集美学村的特色建筑

著名乡土作家许钦文 1934 年 9 月开始在集美中学任教，他在作品中是这样描述集美学村的："从厦门坐汽船过去，远远就可以望见，红红的一长条海岸上，整排竖着的洋楼是集美水产学校和集美商业学校的校舍；在高大的榕树下的是集美小学的延平楼。"

集美校景，是一首诗，一幅天然图画，一段段美丽动人的故事。

图 3–18　集美学校商科明良楼（1921 年）

图 3-19　龙舟池畔嘉庚建筑熠熠生辉

“我在集美生活了四十多年，时光悠悠，却身在福中不知福，居然不知道母校之美，直至漂洋过海，到了异国他乡，凡有机会到过的学校都不禁将与其对比，最终无可置疑地得到印证，集美学校是世界上最美丽的学校。”旅居泰国的集美校友谢钦锡在《学村梦忆，母校情怀》中表达的学村美，正是嘉庚建筑的美。

陈嘉庚一生倾资办学，耗资最巨者莫过于为集美学校和厦门大学兴建规模宏大的校舍。这些校舍始建于学校创办初期，相对集中于20世纪20年代和50年代，这些校舍中西合璧、独具一格，被称为嘉庚建筑。它不仅仅指的是建筑本身，还有陈嘉庚对集美学村和厦门大学的规划，也记录了他兴学办教的艰辛历程。正如享誉世界的华人建筑师贝聿铭所说，“建筑是有生命的，它虽然是凝固的，可在它上面蕴含着人文思想”。

2006年，国务院核定并公布集美学村和厦门大学早期建筑为第六批全国重点文物保护单位。其中包括允恭楼群（即温楼、允恭楼、崇俭楼、克让楼）、尚忠楼群（尚忠楼、敦书楼、诵诗楼）、

南薰楼群（延平楼、道南楼、黎明楼、南薰楼）、南侨楼群（南侨第十三楼、南侨第十四楼、南侨第十五楼、南侨第十六楼）、科学馆、养正楼等集美学村早期嘉庚建筑和以群贤楼群、建南楼群、芙蓉楼群及博学楼为主体的厦门大学早期嘉庚建筑。还有一批嘉庚建筑被公布为省、市级文物保护单位。早在20世纪80年代初，我国著名建筑大师陈从周教授就曾著文盛赞这些建筑“在近代建筑史上有其不可磨灭的地位，今后要定为宝贵文物来保护”。

陈嘉庚不是专业的建筑师，但是他有眼光、有格局、有理念，“地位、间格与光线、外观乃校舍建筑之最重要三事”。陈嘉庚也不认为自己是建筑师，但世界建筑大师麦克·格雷夫斯却坚持说陈嘉庚是一位伟大的建筑师。经他设计建造的建筑物美观、大方、坚固、经济，整体、局部、细节均具有浓郁的民族和地方特色，彰显独特的个性风格，成为厦门城市建筑风格、城市文化不可或缺的一部分。

图 3-20　陈嘉庚（左）视察集美华侨学生补习学校建筑工地

图 3-21　陈嘉庚（中）视察建设中的集美学校

嘉庚建筑独树一帜而自成门系，概而论之，因其特征鲜明：中西合璧风貌、闽南匠心工艺、合理创新结构、取用地产物料、因地制宜布局、经济实用建造。

嘉庚建筑体现中西建筑文化的融合，具有独特的建筑形态和空间特征。其建筑使用闽南式屋顶、西洋式屋身，使用独特的建筑拼花、细作、线脚等；其空间结构注重与环境的协调；选材用工遵从“凡本地可取之物料，宜尽先取本地生成之物为至要”的原则。

嘉庚建筑大都“依山傍海、就势而筑”，有的利用原有的地形地貌加以改造，有的配以楼台亭阁点缀自然景观，有的将雕刻、绘画、园林艺术融入其间，较好地处理建筑与环境的关系，使人工美和自然美、整体美与局部美交相辉映，和谐统一。在细部的处理上，充分利用闽南地区盛产各色花岗岩和釉面红砖的优势，充分发挥闽南能工巧匠的创造性，以镶嵌、叠砌的高超技艺，在柱头梁底、门楣窗楣、墙面转角、外廊立柱上拼饰图案，搭配色彩，

图 3-22　集美航海学院允恭楼群

凸显了校舍建筑的整体美感，展示了细节之美。还大量运用白色花岗岩、釉面红砖、橙色大瓦片和海蛎壳砂浆等闽南特有建筑材料，创造性地改良仰合平板瓦为“嘉庚瓦”（闽南传统的红瓦，有筒瓦与板瓦两种，尺寸较小。嘉庚瓦仿照洋瓦，将传统的筒瓦、板瓦合二为一。嘉庚瓦的横断面呈波浪形，可以左右搭接，瓦面中间的凹槽可以排水，瓦的上下又有企边，可以搭扣。这种红橙色的瓦既美观又实用），革新双曲燕尾脊为三曲、六曲燕尾脊，优化彩色出砖入石建筑技艺，尝试融合西洋式、南洋式、闽南式多元建筑风格，体现陈嘉庚善于博采众长，敢于突破传统，勇于创新求变的可贵精神和高瞻远瞩的发展观。

为了适应闽南地区气候湿热的特点，嘉庚建筑不仅窗大门阔、明亮通风，各楼的南面甚至南北两面均辟有雨盖走廊，可以遮风挡雨，避免日晒。大多数建筑物周围都留有足够的运动空间，形成所谓“有楼就有场”的结构布局，这种建筑设计更加适合师生学习运动和居住生活。

图 3-23

图 3-24

图 3-25

图 3-26

图 3-27

图 3-28

图 3-23　廊饰
图 3-24　墙饰
图 3-25　廊柱装饰
图 3-26　楼梯
图 3-27　天花板 梁柱
图 3-28　屋盖及立柱

嘉庚建筑之所以是学村文化的重要组成部分，正是因为其外在展现学村风貌，内在蕴藉嘉庚精神，幢幢楼名都有“文化”。坐落于嘉庚路一号的允恭楼群沿山势呈“一”字形排列，自东北到西南五幢楼名字分别为即温、明良、允恭、崇俭、克让，其第二个字依次连成“温良恭俭让”，语出《论语》：“子禽问于子贡曰：‘夫子至于是邦也，必闻其政，求之欤，抑与之欤？’子贡曰：‘夫子温良恭俭让以得之。夫子之求之也，其诸异乎人之求之与？’”从温良恭俭让中取字组词作为楼名，借以希望学生具备温和、善良、恭敬、俭朴、谦让这五种美德，楼群命名充分体现中华民族优秀传统文化的传承，可谓用心良苦，寓意深远。又有“尚忠”楼名，亦出自《论语》：“夫子之道，忠恕而已也”，“尚”即尊崇，“忠”是尽心、负责、服从的意思，体现兴学育人的价值目标以及对莘莘学子做人做事的殷切期望。又如“敦书”楼名，出自《左传》：“说礼乐而敦《诗》《书》”，“敦”是厚重、致力于某事，取得扎实的成绩的意思，强调个人文化修养在社会活动中的重要作用。再有“诵诗”楼名，出自《论语》：“不学《诗》，无以言”，等等，不一而足。

嘉庚建筑，就是一种文化。

寓意深刻的嘉庚建筑楼名

楼名	出处
三立楼（立功楼、立德楼、立言楼）	《左传·襄公二十四年》："太上有立德，其次有立功，其次有立言，虽久不废，此之谓不朽。"
尚勇楼	《礼记·中庸》："智、仁、勇，三者天下之达德也。"
居仁楼	《孟子·尽心上》："居仁由义，大人之事备矣。"
瀹智楼	《〈天演论〉序》："今议者谓西人之学，多吾所未闻；欲瀹民智，莫善于译书。"
博文楼	《论语·雍也》："君子博学于文，约之以礼，亦可以弗畔矣夫。"
约礼楼	《论语·子罕》："夫子循循然善诱人，博我以文，约我以礼，欲罢不能。"
尚忠楼	《论语·里仁》："夫子之道，忠恕而已也。"
诵诗楼	《论语·季氏》："不学《诗》，无以言。"
文学楼	《论语·先进》："文学，子游、子夏。"
敦书楼	《左传·僖公二十七年》："说礼乐而敦《诗》《书》。"
即温楼	《论语·子张》："君子有三变，望之俨然，即之也温，听其言也厉。"
明良楼	诸葛亮《便宜十六策·考黜》："明良上下，企及国理。"
允恭楼	《尚书·尧典》："帝尧……允恭克让，光被四表，格于上下。"
崇俭楼	《礼记·表记》："恭近礼，俭近仁"。
克让楼	《论语·学而》："夫子温良恭俭让以得之"。
务本楼	《汉书·文帝纪》："农，天下之大本也，民所恃以生也。而民或不务本而事末，故生不遂。"
敦业楼	《栾城集》："尔往讲习道艺，长育才干，敦业以待举。"
八音楼	《尚书·尧典》："八音克谐，无相伦夺。神人以和。"
肃雍楼	《诗·周颂·有瞽》："喤喤厥声，肃雍和鸣，先祖是听。"
葆真堂	《庄子·田子方》："……人貌而天，虚缘而葆真，清而容物。"
养正楼	《易·蒙》有"蒙以养正，圣功也。"
熙春楼	《闲居赋》有"凛秋暑推，熙春寒往"。
南薰楼	《孔子家语·辩乐解》："南风之薰兮，可以解吾民之愠兮，南风之时兮，可以阜吾民之财兮。"
道南楼	《论语·先进》："子曰：吾门有偃，吾道其南。"
延平楼	《从征实录》记载，明永历七年（1653年）永历帝封郑成功为延平王。

图 3-29　寓意深刻的嘉庚建筑楼名

第四章　集美学村的无形资产

集美学村是一个特色独具的文化地标。

集美学村在形成发展中形成了立足强国强民，务实不虚的实践型、复合型人才的培养模式。航海是商道，也是海权之需，集美学校早有之；师范是教育传承，也是国民去愚明智首选，集美学校早有之；体育是一改国衰民弱最直接的办法，也是提升自信的身体基础，集美学校早有之。

斯时，当北方的大学兼有西装皮鞋与老式长袍，南方的集美校园也屡见不鲜；当民间戏曲艺人走进“北大”，“永春白鹤拳”的拳师也进了学村。“凡一种教育成效于社会，因而社会要求发展此教育，教育有其发展之前途者便是”，集美学村独特的办学历程、嘉庚精神、学村文化，正是其巨大的无形资产。

集美学村以其强大的人才资源正成为海西跨越式发展的科技创新人才培养与孵化器，蕴藉着无可比拟的优势条件。看今朝，人才梯队正共同接力谱写着集美学村的万里书卷。

集美学村哺育了莘莘学子，而学有所成的人才也反哺着学村的未来；正如祖国哺育了中华儿女，而炎黄子孙也反哺着祖国。集美学村是集美华侨的骄傲，也是集美师生的骄傲，更是集美人的骄傲。

孔子弟子三千，贤者七十二。陈嘉庚创办了集美学村，其弟子与贤者当以数十万起计。师传于生、生成为师，今传于昔、更甚于昔。

一、集美学村来来往往、接力共济的先生们

20世纪30年代前后，集美学校就筑巢引凤得诸多名师：历史学家钱穆，哲学家吴康、马瑞图，文学家蒋希曾、吴文祺、许钦文、王鲁彦，诗人潘训、汪静之、方玮德，农学家章文才、彭家元、陈缘，林学家叶道渊、殷良弼，体育教育家吴振西、庄文潮、吴德懋，画家林学大、张振铎、张书旗，经济学家黄绶铭、陈庆瑜、陈式锐、叶书德，水产航海专家冯立民、张荣昌、杨振礼、沈汉祥，教育学家叶渊、苏师颖、黄则吾、张宗麟、陈村牧、王秀南、阮真，等等。

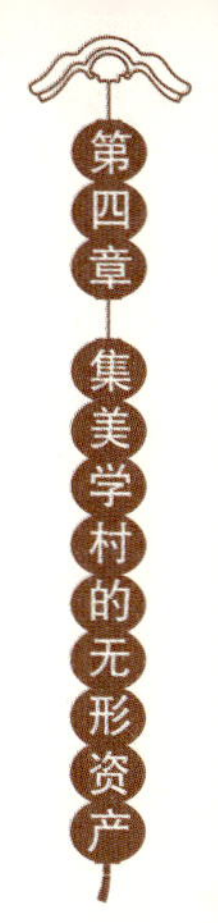

长期在集美学校任教的英语教师陈大弼认为，要当好教师，首先要有“盐的哲学”：“盐是牺牲了自己，溶化了自己，去成就别人的。任何好菜，没有盐是不好吃的，然而，盐被溶化在菜里，人家只是说菜好吃，不会说盐好吃。我们在社会上应该多做盐，要牺牲自己来成就他人。换句话说，就是要做无名英雄。”可人们不会忘记他们，更是心存感激。

为师，唯才亦唯德，集聚贤达概取显者诸位：

黄炎培：教育、政治、经济“三栖人物”，视“陈嘉庚先生是我一生几十年来最敬佩的朋友中间的一个”。1919 年 7 月，受陈嘉庚邀请到集美，他不是集美学校的先生，却为集美学校寻觅先生。他为陈嘉庚、为集美、为集美学校，在《申报》上摇旗呐喊引英才，盛赞集美“与厦门相隔一海湾，形势三面皆水，唯北枕天马山，山水绝胜”，当时的集美学校“校舍均新建筑，非常宏敞”，“今有学生数，师范、中学二百余人，小学二百人，女校九十余人，蒙养园百人。此外附设夜学校、通俗图书馆，应有

图 4-1　黄炎培

尽有”，称赞“陈君自奉甚俭，观其居处犹是先人之敝庐，未尝稍事盛饰，其不私也如此。而其毁家兴学，见义勇为也如彼。如陈君者，洵中国特出之人物也”。

叶渊：任集美学校 1920—1934 年间校长，结束了集美学校自 1918 年师范中学创办以来两年三易校长的动荡局面。其行事风格既传统又开拓，既大气又严谨。叶校长曾亲自到北京、上海等地聘请专家学者来集美任教，还请美国教育家杜威以及鲁迅、马寅初等名流大师来校开讲座。

1927 年 2 月 1 日，叶渊邀请蔡元培来集美学村参观，蔡元培的回忆文章透露出有趣的细节：“今日，参观集美学校。集美学校之建筑及设备均甚好。午间，在集美吃饭。晚间，集美校长叶君又邀往其家中晚餐。”

任校长十余年间，在内部三次学潮以及外部政治不稳定的冲

图 4-2　叶渊

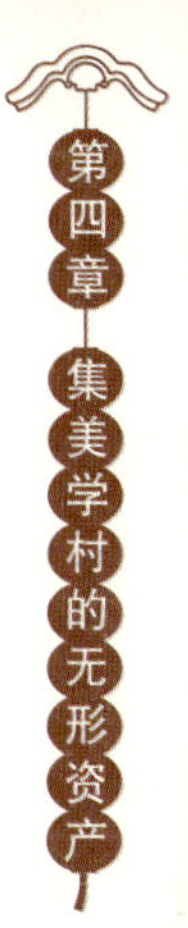

击下，叶渊仍坚持严谨治学、民主教学、学术信仰自由的宗旨，为集美学校大体上保住了稳定与发展，创造了集美学校前期的辉煌。

钱穆：中国著名历史学家、思想家、教育家，更有学者谓其为中国最后一位士大夫。以高中都未毕业的资质，却被集美学村“破格”聘请，一者可见钱穆先生虽自学成才，却才气十足，“文体独异”；二者也可见集美学校“不拘一格降人才”的招贤纳士之胸怀。钱穆的集美第一课以《述志令》讲曹操文体，不论其历史争议，也避开其诗歌成就，而是直接切入其所处的汉末建安时期古今文体之大变，“不仅五言诗在此时兴起，即散文为体亦与前大异”。钱穆所授国文课，之前是一位年逾五十的老名士讲授，西装革履，教白话文；另一位授课者是三十左右的年轻人，戴瓜皮帽，穿长袍，教文言文。两人相较，十分有趣。年长者趋新，而年幼者守旧，可两人教学又都别具特色。钱穆以一人身兼两人之职，“非特胜任，又必有出色过人处”。

图 4-3　钱穆

钱穆对于集美学校的热爱，于笔端处处流露。初到集美，他写道：“晓妆的海，我实在爱你，张开你的胸罢，好让我跳入，海呀！”离开集美前，他述说“赤岸黄墙屋，清波白板船。欧光来远屿，帆影落遥天”。

顾拯来：创集美学校海童子军之初，任总教练。以短短几年时间，倾力将“鲸、鲷、鲤”三队共计四十五人的海童子军发展壮大至“陆海童子军、幼童团、教练员养成班等均次第成立”。在当时闽粤两地军阀开战，“集美一隅，即为闽军后方运输至要道，连日军队经过其境者，为数确已不少”。为了锻炼学生的生存能力，适应战争环境，顾拯来带领海童子军“暴营露宿，野外习战自携锅釜之属，治烹饪之务，或如交战时掩护弱者，抵抗强权。或则以服从命令之故，虽赴汤蹈火不辞。诸如此类之训练，几与军队颇相一致”。

蒋希曾：集美学校的教育文化传播者，在任《集美周刊》编辑部主任之际，倡议学生“养成一种活泼和灵敏的精神，以应付

图 4-4　顾拯来

图 4-5 蒋希曾

图 4-6　张书旂

万端待举的社会”，还提倡“凡是社会上有关公益的，是我们青年的力量所能做得到，无论是南是北，是彼是此，都可以把人假定的范围打破，而去服务”。他还十分推崇及贯彻集美学校力主的体育精神，认为“要人除重视他项方法，必须同时重视体育，以求达到发财、聪明、好看和成功的诸目的。如果大家把前人对于体育的种种误解消除罄尽，把近人对于体育的新观念认得清楚，再切实做去，个人固然得到好处，就是一个家庭，一个社会，一个国家，也能气象一新了”。在集美学校图书馆工作期间，他又潜心钻研，参照美国杜威的“十进分类法”、王云五的“中外图书馆统一分类法”和杜定友的“杜氏图书分类法”，编成“集美学校图书馆分类法”，解决了各图书馆藏书的分类问题，这是目前已知的福建省最早的图书馆学研究成果。

张书旂、张世禄、张振铎：集美学校唯才是用，贤者相引，来此任教的有亲兄弟沈祓、沈祎，叶渊、叶道渊；有师兄弟如刘赜、张馥哉、龙榆生；还有令人瞩目的叔侄，如黄绶铭、黄毓熙。而张振铎与侄子张书旂和张世禄叔侄三人，人称集美学校的“浦江

图 4-7　吴德懋

三杰”。花鸟画家张振铎和张书旂对于集美学村的美术氛围打造功不可没，为集美校园的艺术增色不少，而且带来了艺术创新以及个性化的张扬，张书旂就说：“要变，变则通，学画应多向古今优秀作品学，集各家所长，像蜂采百花而酿蜜那样。花是人家的，蜜是自己的，有了自己的东西，才能有独树一帜的基础。”

吴德懋：1925 年代表中国参加马尼拉举行的第七届远东运动会，获得五项全能冠军，为祖国争得唯一的金牌，这也是我国在国际比赛中所获得的第一块田径金牌。他于 1926 年选择回故乡效力，担任集美学校体育部主任。吴德懋与当时一同在集美学校任体育教员的体育健将庄文潮和程天泗一起，身体力行，不但塑造了集美学村的体育精神，还培养出林绍洲、戴淑国等中国体育场上引人瞩目的名将。

马寅初：经济学家、人口学家和教育家，一个令陈嘉庚敬佩的人。他不在集美学村任教，却多次在集美开辟讲座为师生带来新思维。其“中国财政与金融”“农村信用合作社”“不平等条

图 4-8　马寅初

约外的不平等”“中国经济状况”等精彩论述在集美学村各校各部纷纷开讲；他又在厦门大学大礼堂进行了浙江同乡欢迎会演讲，接续又有“上海之金融”“中国私人经济（储蓄与投资）”等讲演轰动一时。其思维敏锐而新颖，观国际、学西方，又能因地、因时制宜，运用于中国之社会。

1926年10月18日，马寅初在集美学校农林部演讲，留下一句名言：“诸君在学，须不忘建设。读书以外，须留意切实的知识。修自己的品德、才干，守秩序，负责任，力成一建设的人格。”

鲁迅：在厦门大学任教期间来集美学村做过一次演讲。1926年11月27日，鲁迅来集美学校做题为“生活的意义与价值”的唯一一次讲演，吸引了集美学校各部两三千名师生齐聚集美学校大礼堂。他第一句话就说：“今天我有机会，到你们这美丽的学校，在这大礼堂里，跟你们谈谈，是非常高兴的。”他直言，“聪明人不能做事，世界是属于傻子的”，因为聪明人往往不能办事，他们想来想去，过于计较个人得失。学生应该勇于做改革社会的“好事之徒”，一起向前冲，社会才能进步。

图 4-9 鲁迅

图 4-10　王鲁彦

图 4-11 陈村牧

王鲁彦：1930 年 3 月受聘到集美学校任国文教员，虽时日不长，却对集美学校及学生有着深厚的热爱，他在文章中写道“这样可爱的学生，从来不曾遇到过。他们的身材都很高大结实，皮肤发着棕色的光，筋肉紧绽，一看见他们，便使我联想到什么报上所登的大力士的照片”，还不忘补充道，“除了很好的体格外，他们还有很好的德行。他们有诚挚的态度，坦白的胸怀，慷慨的心肠”。王鲁彦在集美学村组织世界语研究会，引同事同学百余人参加。其小说、散文均见长，日后又进入与《江声报》《全闽新日报》并称“厦门三大报”的《民钟日报》接编副刊，并主编了颇具影响力的《文艺杂志》。周恩来称其为“自由先锋，文化楷模”，高度评价王鲁彦以文战斗的一生。

陈村牧：陈嘉庚亲选的集美学校校长。他毕业于集美学校，怀着为母校、为陈嘉庚教育事业服务的报恩之情，回到集美学校。陈村牧课外与学生进退辞让，和睦交融；讲起课来又能“疏密共晴雨，卷舒因晦明”。他以“海阔天空，织网围鱼”的教学法，使其课堂“无色而有图画的灿烂，无声而有音乐的和谐”，得了别号“囡仔面”（闽南方言，指小孩儿，寓意朝气蓬勃）。陈村牧被提拔为集美中学校长时年仅26岁，就是这样亲和友善之青年育人者，待人遇事却有着一股陈嘉庚的“诚毅”劲儿。当年著名作家许钦文因“窝藏共产党”的罪名被关押，出狱后，陈村牧马上打电报聘请他来集美任教，并主动降薪十元钱给他加薪。时任当局同安专员黄元秀来集美中学视察时，一遇到许钦文，便问陈村牧:“他是谁？”“许钦文。”“‘赤化分子’，立即解聘。”“要重信誉，守信用，不得中途毁约。”陈村牧不怕专员的淫威，针锋对麦芒，坚决顶住。

有担当、有能力的陈村牧，29岁即接理集美学校校务，一上任就有的放矢地锐意改革，认为“集美学校与集美学村有不可分离之关系，言改进校务，则对各校既不能畸重畸轻；言改进集美，则对学校与学村尤应兼筹兼顾”，他是对于集美学村整体发展有规划的思想者，也是在抗战艰苦非常时期，能够应变坚守，迁校保校，带学校度过万难之人。其一生为集美学校服务65年，长期追随陈嘉庚，是陈嘉庚精神的实践者和发扬者。

张宗麟：中国第一位男性幼稚园老师，任集美“幼稚师范学校及男女小学指导主任”，与同事们一同创办了集美试验乡村师范学校。因其参与所有校务及勤杂劳动，并告诫同仁和同学“要做现阶段之乡村教育的运动者或乡村学校教师，必须本身是一个百事过问样样皆通的土菩萨不可，你们是学乡村教育的，所以希望你们能训练自己做一个土地菩萨，因此我现在不得不以土地菩萨的本领来训练你们”，于是大家都以“土菩萨”来称呼他。现在看来，男教师进行幼儿教育及张宗麟提出的放低姿态“接地气”的教学理念等等，均反映了集美学村的务实之风气。

陆静山：儿童教育家，1932年9月受聘来集美乡村师范任教，后来担任《儿童生活》《儿童新闻》《少年战线》等名刊的主编，他说：“校长张宗麟到上海聘请教师，那时陶行知已从日本返沪，在陶氏支持和动员下，聘请了一些晓庄学校的指导员和毕业生到集美乡师担任指导员（即教师），我也受聘。”

图 4-12　张宗麟

二、集美学村承前启后、代代相传的学生们

集美学校先生们才高德佳，学生们得师所长，自然是奋力向学。百年来，集美学校造就了成千上万的各种人才。近 20 万各校毕业生中，在各界卓有成就的不乏其人。科技界有美国著名医学家李景昀、叶芸英，台湾农业经济学家王友钊，著名物理化学专家蔡启瑞，水稻专家蔡俊迈，茶叶专家庄晚芳，获全国自然科学一等奖的厦门大学化学系教授张乾二，在海洋化学研究方面受到国际海洋化学界瞩目的厦门大学教授李法西，山东海洋学院教

授沈汉祥，原中国科学院广东科学院院长邱秉经；文艺界有著名作家白刃、马宁，中国新闻社社长洪丝丝，著名音乐家、1930年代曾在世界交响乐比赛中获得冠军的蔡继琨，著名画家、中央美术学院教授黄永玉；社会科学界有李纯青、陈乃昌；文教界有林采居、梁披云、姚宝酋，体育界有吴再兴、林绍洲、黄柏龄；航运界有曾任上海救助打捞局总船长的郑秋墨等。另有侨界热诚人士以千百计，其中就读于集美学校、厦门大学，并曾任教于集美财经学校的李陆大，也随陈嘉庚步伐而获小行星命名；还有革命先驱罗明、李觉民、罗扬才、郭滴人、朱积垒，抗日民族女英雄李林等。

他们中还有许多人既是集美学校的学生又是集美学校的老师。只要母校振臂一呼，他们就会随时出现。在抗战内迁时期，集美学校师资奇缺，陈维风、俞文农等一大批集美校友积极响应校主陈嘉庚“勿忘母校”的召唤，毅然放弃安逸的生活和优厚的待遇回到母校任教，以实际行动帮助母校渡过难关。

其中翘楚举例：

黄永玉：生于1924年，湖南凤凰人，是一位涉猎广泛的艺术家，不但是当代著名画家，在诗歌、散文、小说、雕塑、建筑，乃至于工艺设计等领域都有不俗的建树，被誉为“通才”和“鬼才”。曾就读于集美中学初中52组。历任瓷场小工、小学教员、中学教员、家众教育馆员、报社编辑、电影编剧及中央美术学院教授、中国美协副主席。其版画代表作品有《齐白石像》《叶圣陶童话》及《阿诗玛》等；水墨画代表作品有《猫头鹰》《山鬼》等。他还设计了首轮生肖邮票之猴票、酒鬼酒瓶等。平生举办画展数十次，出版画集几十种，创作了《永玉六记》《这些忧郁的碎屑》《沿着塞纳河到翡冷翠》等诗文集。曾获意大利总统颁发的最高司令勋章；第29届奥运会期间还被国际奥委会评为“奥林匹克杰出艺术家”；2003年获全国美协表彰的杰出艺术家“金彩奖”；被誉为“中国形象人物”。

黄永玉于1936年9月入学集美中学。

图 4-13

图 4-14

图 4-13　黄永玉

图 4-14　黄永玉设计的首轮生肖邮票之猴票

黄永玉回忆："那时的集美学校有个特点，到放暑假，南洋群岛的学生都坐船回家等开学之前再赶回来。本土的学生回本土。少数一二十个各有各的道理的学生留在学校。"他自己就是留在学校的学生之一。

也只有集美学校的宽容和活力特质，让每一个学生得以拥抱自己的兴趣，鼓励与尊重的氛围，亲密无间的师生互动，多元与探索的资源和环境，才可以培养出各类大师人才。连黄永玉都自嘲"初中三年总共六学期，我留了五次级；五五二十五，五四二十，起码五三一十五，一百五十个老同学总是有的。几十年后回到厦门，集美的老同学聚在一起，有时也开

图 4-16

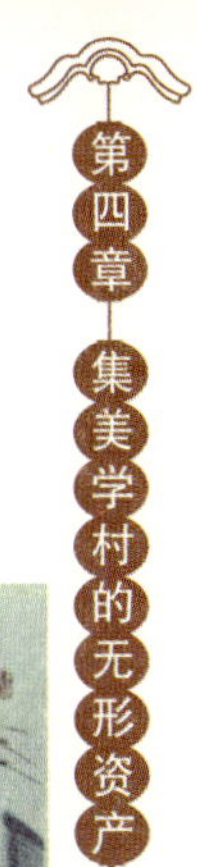

图 4-15 《百鸟归来》
图 4-16 《集美学村全景图》

玩笑地帮我计算老同学的名字，现在在哪里，当什么大医师、院长、教授、将领、各类专家……”是集美学校给了特立独行的他一片天地，使他时时感怀“集美学校在全国论师资，论设备，论风水，不是第一也是第一”。哪怕他在集美学校的大部分时间是抗战外迁的岁月，他也仍感恩念怀，“这么一直忙碌、兴奋，我们就这么慢慢活着，长大”。

集美图书馆由黄老所书的“谁言寸草心，报得三春晖”字语间报赤子之心，馆内色泽早已暗淡的借书卡上还记载着黄永玉当年校迁安溪时借阅过的图书，这些书籍为他展示了一个广阔且崭新的世界，也为他开启了艺术之门。

集美学校，“不是第一也是第一”，对！黄永玉说的不仅仅是学校本身，还有“许许多多温暖信任的笑容和温暖的手……少年的漂泊是一只无助的纸折的小船”，他的心声是在母校港湾中的轻吟。

他有情，更有情怀，为集美母校创作了画作《桃李春风》（庆70年校庆）、《百鸟归来》（庆百年校庆），还专门将1995年在鳌园写生时创作的巨幅画作《集美学村全景图》调整布局也作为百年校庆献礼，同时为“集美校友会馆”题字。以近百高龄对百年母校真情吐露心迹：“我至老不忘我们的校训‘诚毅’二字。”

蔡启瑞：福建同安人，化学家，中国催化反应机理的奠基人之一。先就读于集美学校，后就读于厦门大学并留校任教。厦门大学内迁长汀时期，仍被称为“加尔各答以东最出色的高等学府”，得益于校长萨本栋带领下的名师汇聚和浓厚学术氛围，其中也包括如蔡启瑞等一众青年学者从教研究的虎虎生气。1944年，剑桥大学著名的生物化学家李约瑟到厦门大学访问，在专业领域初出茅庐的蔡启瑞就能应答如流，侃侃谈及研究前沿。1947年，蔡启瑞赴美留学，并于1950年获美国俄亥俄州立大学博士学位。同年，一心报效祖国的蔡启瑞在异国他乡写下“祖国大地皆春，我怀念你啊，祖国”，坚持年年递交离境申请。终于在1956年，无奈羁留在美国又达六年之久的蔡启瑞，被同样挂念他的祖国用美军

图 4-17　蔡启瑞

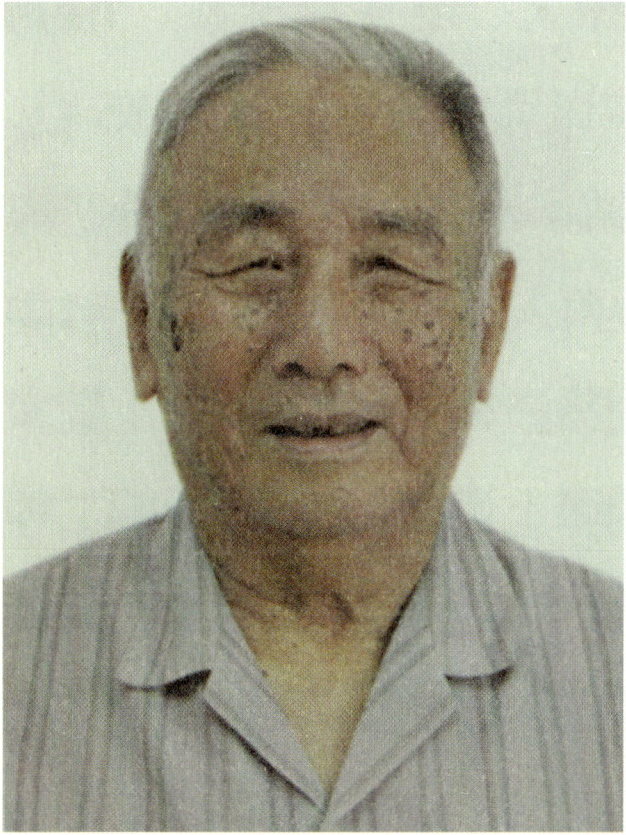

图 4-18　张乾二

图 4-19　李林

战俘换回，并一直任教于厦门大学。1980 年，当选为中国科学院院士，曾获国家教委科学进步一等奖。

张乾二（1928— ）：福建惠安人，量子化学家。毕业于集美中学高中 22 组和厦门大学（1954 年）。曾任厦门大学化学化工学院院长，结构化学国家重点实验室主任，全国政协常委。在配位场理论方法、休克尔分子轨道理论图形方法、全面体分子轨道理论、多电子理论的群论方法等领域取得重大成果，曾获国家自然科学奖一等奖（1982 年）等多项国家级奖励。在校园文化的跨世纪熏陶下，张乾二不但自己轻名利，着迷科研，还深知教育传承的重要，感言"未来的科技发展是年轻人的"，鼓励学生"不囿于传统，勇于挑战现实和人生，是一个科学家应该具备的条件"，并极朴实地表达出这份热爱，"如果有来生，我还当教师"。1990 年国家教委授予他"优秀人民教师"和"国家级有突出贡献的专家"称号。1991 年，当选为中国科学院院士。

李林（1915—1940）：福建龙溪人，抗日民族女英雄。幼年

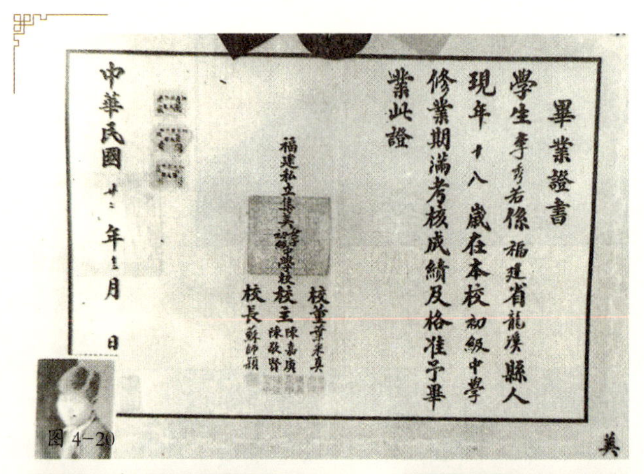

畢業證書

學生李秀若係福建省龍溪縣人
現年十八歲在本校初級中學
修業期滿考核成績及格准予畢
業此證

福建私立集美學校初級中學校
校董葉采真
校主陳嘉庚 陳敬賢
校長蘇師穎

中華民國廿二年十二月 日

图 4-20

图 4-21

图 4-20　李林的集美中学毕业证书

图 4-21　1933 年 11 月，李林（前排左一）与集美中学同学合影

侨居印度尼西亚，14 岁回国，就读于集美中学女中 10 组。1936 年考入北平民国大学，同年加入中国共产党。1937 年赴雁北抗日前线。历任雁北游击支队政委、八路军骑兵营教导员、晋绥边区公署委员。她骁勇善战，为创建雁北抗日根据地屡建奇功。1940 年，日伪军对晋绥边区进行“扫荡”。为了掩护机关和群众突围，她不顾怀有身孕，率部勇猛冲杀，壮烈牺牲，年仅 25 岁。李林被中共中央妇委旌为“民族女英雄”。2009 年，被中央宣传部、中央组织部等 11 个部门联合评选为“100 位为新中国成立做出突出贡献的英雄模范人物”。

李林是集美学村的骄傲，她也以陈嘉庚为骄傲。李林幼年就读于印尼中华学校期间，方寅老师在上地理课时，在世界地图下翻出一张中国地图说：“同学们，这就是我们的祖国！我们中国有 960 多万平方公里的面积，占地球总面积的 6.44%……”正讲着，驻校荷兰官员破门而入，一把扯下中国地图，践踏在地，斥辱道：“你们的国家已经一败涂地了。你们是东亚病夫，劣等民族。”李林联想到爹爹讲过的陈嘉庚先生。不！我们中华民族既然有一个陈嘉庚，就会有很多优秀的人。她上前拾起地图，用手绢擦去皮鞋印，双手捧给方老师。老师的教诲在年幼的李林心里埋下了爱国的种子。回国后，她立即考入陈嘉庚先生创办的集美学校，受到嘉庚精神和学村文化的熏陶而毅然走向救国的革命道路。不但实践了自己作文中“甘愿征战血染衣，不平倭寇誓不休”的誓言，还效仿陈嘉庚兴学，以母亲留给她的1200光洋和约一斤重的黄金首饰，开办了晏阳初试平民夜校，专招穷人免费读书，不分男女，开启了一段平民教育实验。

陈乃昌：福建安溪人，印尼归国华侨，革命家，周恩来同志单线领导下的党的秘密工作者。1924年至1927年求学于集美师范学校，期间与进步学生及人士组织“福建青年协进社”。在1927年蒋介石发动“四一二”反革命政变的生死抉择关头，决然加入中国共产党。在抗日战争及解放战争中，坚持为党为人民，从事危险的地下工作和统战工作，还参加发起组织中国民主建国会和九三学社。新中国时期，曾负责统战、华侨、国际贸易促进等工作，被亲切地称为“革命老人”。

李尚大：福建安溪人，印尼著名的华人实业家、慈善家。曾就读于集美中学高中 13 组。1994 年，时任中共中央总书记、国家主席江泽民在印尼接见李尚大全家时说："你在印尼做了许多好事，我代表国家感谢你；你在中国做了许多好事，我本人感谢你。"2004 年，福建省人民政府决定为李尚大立碑，并授予其"华侨捐赠公益事业突出贡献奖"。校友黄永玉在《李尚大：微笑、汗水、家国》一文中这样评价他："1949 到他 2008 年逝世，六十年过去了。一开始，他在各岛跑些橡胶、咖啡、椰干散碎生意，越做越大，加进了木材厂、夹板厂（森林开发，动不动就一百八、两百公里直径的大森林）、瓷砖厂、轧钢厂、酒店、房地产、石油……六十年，公然变成印尼几大财主之一。上头这段话不到一百字，读起来连气都不用换，可知道？这就是尚大忙碌一生的时间。"同文又说，"尚大在祖国只花钱不赚钱，把自己故乡安溪县和湖头乡彻底翻了个'个'。开辟 205 国道，建厦大医学院，参与开办集美大学，厦门中山医学院心血管研究中心，泉州黎明大学拓建八栋大楼，福州医院（医生国外聘请，每月月

图 4-22　李尚大

薪由尚大支付），蔡继琨音乐学院……”一段朴实又感人的语言，两相对比，不禁让人心中肃然起敬。李尚大对母校及校主之感恩之情，事事可见，1994 年美国伯克利大学计划盖一栋化学大楼，需要 1000 万美元，他慷慨好义，出资条件仅是大楼要用“陈嘉庚”的名字，真乃集美学子之骄傲。

施金城：福建安溪人，印尼华侨回报故土的佼佼者。1941 年起，曾先后就读于集美中学和集美水产航海学校。安溪是深受学村文化熏陶的集美学校抗战内迁地之一，而作为集美学子的施金城更是无比崇敬并忠实践行嘉庚精神，多年来满腔热忱地担负使命，堪称当代弘扬嘉庚精神的楷模，被称为“安溪的陈嘉庚”。他从 1984 年起陆续在家乡办小学、师范、中学、幼儿园，以及捐建医院等义举，就已倾资一亿两千多万元，甚至和陈嘉庚一样将房子卖了用于资助教育，还不忘给集美校友总会捐款以表拳拳之心。福建省政府授予他“乐育英才”称号和“福建省捐赠公益事业突出贡献奖”，并先后四次为其立碑表彰。

郑秋墨：福建永春人，1952 年从集美水产航海学校航海科毕业后，到上海海运局工作，1960 年晋升船长。1963 年被紧急借调到救捞局出任“沪救 1 号”船长，工作出色，从此被留在救捞局工作，后担任我国第一艘大功率、当时远东最大的远洋救助拖轮“德大”轮船长，创造出许多国内外拖船史上的伟绩。1988 年，他到波斯湾拖带一艘长 459 米、宽 68 米、型深 30 米的世界最大的 56 万吨超级油轮“海上巨人”号到蔚山港，途中还创造了边拖航边加油的奇迹。先后获上海市劳动模范、交通部标兵、全国先进工作者、全国五一劳动奖章等殊荣。

沈汉祥：江苏江阴人。1931 年毕业于集美水产航海学校渔航第 6 组，又考入厦门大学，获生物系、历史系双学位，1944 年考取联合国渔业技术人员公费赴美波士顿渔业研究所进修，获学士学位和工程师证书。回国后，曾任厦门大学、青岛大学、山东大学教授和集美水产商船专科学校校长等职，是中国水产学会理事、中国渔业史研究会委员、水产部专门委员等。著有《养鱼学之理论与实践》《渔具学》《钓鱼》等专著。入编《世界名人录》《中

国现代海洋科技人员名录集》。

梁披云：福建永春人，著名书法家、教育家、诗人、慈善家、社会活动家，20 世纪 20 年代初就读于集美中学旧制 5 组。他是当代中国书法的奠基人之一，主编《中国书法大辞典》；是澳门特别行政区“大莲花荣誉勋章”的最高龄受勋者，也是第八次全国归侨、侨眷代表大会上宣布的最年长代表和全国侨联顾问；连任了第六、七、八届全国政协委员和连续十一届的澳门归侨总会会长，创办黎明大学。

集美学校使他成为传承嘉庚精神的忠实之士。他为集美学校七十周年大庆所题“诚毅勿忘”，是勉励校友，更是自省铭记。他对陈嘉庚的敬佩之情在“陈嘉庚国际学会”成立日，代表校友致辞中彻底抒发：“今天这个会可以说是一个破天荒的会。嘉庚先生一生从兴学、纾难、救国、建设各方面来讲，都可以说是破天荒的。倾资办学，真正像他那样的倾资、像他那样有理想的兴学，可以说是破天荒的。一个商人，一个企业家，像他那样忘记了自己，为着国家、为着救国，从商转而参政，这也可以说是破天荒的。有许多商人、实业家，在他生意兴隆的时候，其声誉也是一天一天地高起来，可是，破产了，生意垮了，社会地位也就跟着垮了。可以说，全海外华人之中，像嘉庚先生这样，自己的企业虽然失败了，但社会地位反而更高，并仍然继续不断地为着兴学、为着纾难、为着救国竭尽全力的没有第二人。嘉庚精神这种破天荒的功绩、精神，实在是值得我们来发扬的。”

黄克立：福建泉州人，爱国的香港知名实业家，香港大紫荆勋章首批勋贤，原香港特别行政区推委会委员、国务院任命的首批港事顾问。在维护“一国两制”方面做出杰出贡献，辞世时中央特准在其遗体上覆盖国旗，备极哀荣。他先后就读于集美和厦大，毕业后被聘为集美中学和厦门大学会计主任。黄克立捐资兴建集美大学信息工程学院大楼（克立楼）反哺母校，还谦逊地说：“我捐钱不多，只有校主的万分之一，我是在弘扬校主的伟大精神。”他也确实如嘉庚先生一般，一心系念祖国，“爱国是没有办法改变的”。2003 年胡锦涛集体接见了在港的知名人士，耄耋之年的黄克立倾诉衷情："虽然我已经93岁了，但爱国的激情绝不亚于年轻人，为祖国奉献，不但是我最大的志向，也是我教导子孙的家训。我最大的愿望就是在有生之年，能看到祖国统一，台湾回归，让中国再次版图完整，国力富强。"黄克立的一句"我只是校主陈嘉庚千千万万学生之一"，语重心长，千千万万的集美学子一定会代他见到他所期冀的一切，也一定会成为校主精神的传人。

蔡继琨：福建晋江人，音乐家，为我国乃至东南亚现代音乐教育事业的奠基人之一，被称为"台湾交响乐之父"。1932年毕业于集美高级师范学校，旋赴日本东京帝国音乐学院，师从大木正夫、铃木镇一教授。当日寇侵华烽火起，蔡继琨爱国心也在燃烧，相继谱写《我是中国人》《保卫福建》《收复金门》《保卫中华》等救亡歌曲，激发民众抗战热情。1994年，已经毅然变卖海外所有资产回国定居的他，又带领海外爱国华侨共同捐资创办了福建音乐学院，全身心投入音乐教育事业。

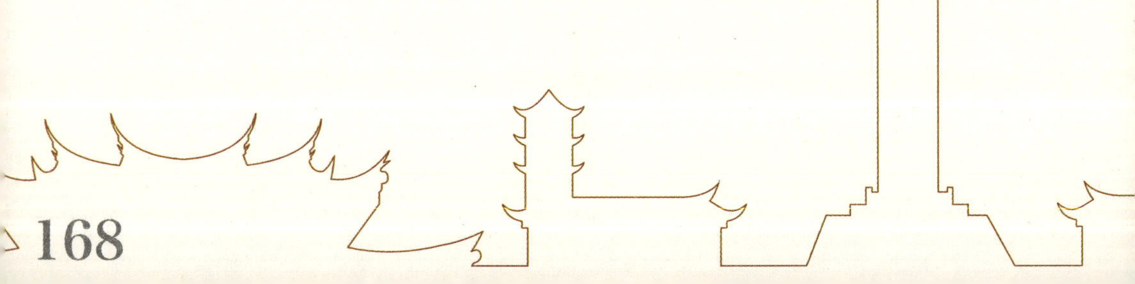

结　语

教育家、香港中文大学校长沈亦珍，1922 年受聘来集美师范教英文，他在文章中是这样回忆集美学村的：“余在集美服务仅半载。时间虽短，印象甚深。一则由于学校规模宏大，二则由于海滨自然环境，景色宜人。”

从未见过这样完美的一个境地，有最古朴的环境、又有着最先进的理念，有最独特的人文建筑、又有着最美妙的自然赐予，有过最艰难的沧桑岁月、又有着最可期的美好未来……从时间轴线上看“她”，远是一个村落，近是一座学城；从空间轴线上看“她”，远是一个自然胜地，近是一座人文圣地；原是村中有校，今是校中有村。这独一无二的学村魅力，加之“嘉庚精神立校、诚毅品格树人”的百年底蕴，已然成为闪耀国际的文化地标。

终于梦回，这边的一祠一厝，历百年而依旧，花开花落不变民淳；那边的一排一片，竟新旧不辨，难不成是穿越了时间。醇厚的诗，遒劲的画，也不及在此放下行囊。

图片来源

第一章　天上有颗陈嘉庚星，地上有个集美学村

图 1–1：厦门市集美区档案局编：《百年学村跨越美》，厦门音像出版有限公司 2013 年版，第 39~40 页。

图 1–2：王文津：《学村第一校》，中国文化出版社 2013 年版，第 27 页。

图 1–3：庄景辉、贺春旎：《集美学校嘉庚建筑》，文物出版社 2013 年版，第 11、12 页。

图 1–4：陈经华：《学村往事》，中国文化出版社 2014 年版，第 2 页。

图 1–5：庄景辉、贺春旎：《集美学校嘉庚建筑》，文物出版社 2013 年版，第 19 页。

图 1–6：周日升主编:《集美学校八十年校史》,鹭江出版社 1993 年版,第 8 页。

图 1–7：厦门市集美区档案局编：《百年学村跨越美》，厦门音像出版有限公司 2013 年版，第 40 页。

图 1–8：福建省大田县政协文史资料委员会、厦门市集美学校委员会编:《集美职校在大田》，《大田文史资料》第二十八辑，内部资料，第 137 页。

图 1–9：庄景辉、贺春旎：《集美学校嘉庚建筑》，文物出版社 2013 年版，

第 37 页。

图 1-10：庄景辉、贺春旎：《集美学校嘉庚建筑》，文物出版社 2013 年版，第 38 页。

图 1-11：陈经华主编：《集美校友》，《集美校友》杂志社发行部 2018 年版，第 15 页。

图 1-12：《圆梦百年——陈嘉庚创办集美学校一百周年纪念册》编委会编：《圆梦百年——陈嘉庚创办集美学校一百周年纪念册》，内部资料，2013 年版，第 59~60 页。

图 1-13：老驴手绘。

图 1-14：陈呈主编：《集美学校百年历史图集（1913—2013）》，人民日报出版社 2017 年版，第 46 页。

图 1-15：陈呈主编：《集美学校百年历史图集（1913—2013）》，人民日报出版社 2017 年版，第 73 页。

图 1-16：洪卜仁主编：《厦门航运百年》，厦门大学出版社 2010 年版，第 163 页。

图 1-17：林斯丰主编：《集美学校百年校史》，厦门大学出版社 2013 年版，扉页第 2 页。

图 1-18：林斯丰主编：《集美学校百年校史》，厦门大学出版社 2013 年版，扉页第 5 页。

图 1-19：林斯丰主编：《集美学校百年校史》，厦门大学出版社 2013 年版，扉页第 6 页。

图 1–20：林斯丰主编：《集美学校百年校史》，厦门大学出版社 2013 年版，扉页第 7 页。

图 1–21：林斯丰主编：《集美学校百年校史》，厦门大学出版社 2013 年版，扉页第 7 页。

图 1–22：《马来西亚福建人兴学办教史料集》工委会编：《马来西亚福建人兴学办教史料集》，马来西亚福建社团联合会 1993 年版，第 50 页。

图 1–23：庄景辉、贺春旎：《集美学校嘉庚建筑》，文物出版社 2013 年版，第 132 页。

图 1–24：陈呈主编：《集美学校百年历史图集（1913—2013）》，人民日报出版社 2017 年版，第 232 页。

第二章　集美学村的阶段色彩

图 2–1：洪卜仁主编：《厦门航运百年》，厦门大学出版社 2010 年版，第 172 页。

图 2–2：洪卜仁主编：《厦门航运百年》，厦门大学出版社 2010 年版，第 172 页。

图 2–3：洪卜仁主编：《厦门航运百年》，厦门大学出版社 2010 年版，第 173 页。

图 2–4：洪卜仁主编：《厦门航运百年》，厦门大学出版社 2010 年版，第 191 页。

图 2–5：厦门市集美区地方志编纂委员会编：《厦门市集美区志》，中华书局 2013 年版，第 532 页。

图 2–6：周日升主编：《集美学校八十年校史》，鹭江出版社 1993 年版，第 14 页。

图 2–7：庄景辉、贺春旎：《集美学校嘉庚建筑》，文物出版社 2013 年版，

第220页。

图2–8：陈呈主编：《集美学校百年历史图集（1913—2013）》，人民日报出版社2017年版，第43页。

图2–9：陈呈主编：《集美学校百年历史图集（1913—2013）》，人民日报出版社2017年版，第44页。

图2–10：陈呈主编：《集美学校百年历史图集（1913—2013）》，人民日报出版社2017年版，第43页。

图2–11：陈呈主编：《集美学校百年历史图集（1913—2013）》，人民日报出版社2017年版，第44页。

图2–12：集美学校委员会、陈嘉庚纪念馆编：《集美学校革命史文选》，厦门大学出版社2012年版，彩页第12页。

图2–13：中共厦门市委组织部、中共厦门市委宣传部、中共厦门市委党史办、厦门市民政局、厦门市档案馆编：《厦门党史画册》，鹭江出版社1991年版，第13页。

图2–14：中共厦门市委组织部、中共厦门市委宣传部、中共厦门市委党史办、厦门市民政局、厦门市档案馆编：《厦门党史画册》，鹭江出版社1991年版，第16页。

图2–15：中共厦门市委组织部、中共厦门市委宣传部、中共厦门市委党史办、厦门市民政局、厦门市档案馆编：《厦门党史画册》，鹭江出版社1991年版，第21页。

图2–16：中共厦门市委组织部、中共厦门市委宣传部、中共厦门市委党史办、厦门市民政局、厦门市档案馆编：《厦门党史画册》，鹭江出版社1991年版，第10页。

图 2-17：中共福建省委《福建革命史画集》编辑委员会编：《福建革命史画集》，福建人民出版社 1982 年版，第 326 页。

图 2-18：中共福建省委《福建革命史画集》编辑委员会编：《福建革命史画集》，福建人民出版社 1982 年版，第 326 页。

第三章　集美学村的特色文化

图 3-1：福建省大田县政协文史资料委员会、厦门市集美学校委员会编：《集美职校在大田》，《大田文史资料》第二十八辑，内部资料，第 43 页。

图 3-2：陈呈主编：《集美学校百年历史图集（1913—2013）》，人民日报出版社 2017 年版，第 224 页。

图 3-3：朱晨光主编：《陈嘉庚建筑图谱》，天马出版有限公司 2004 年版，第 88 页。

图 3-4：林斯丰主编：《集美学校百年校史》，厦门大学出版社 2013 年版，第 54 页。

图 3-5：林斯丰主编：《集美学校百年校史》，厦门大学出版社 2013 年版，第 54 页。

图 3-6：林斯丰主编：《集美学校百年校史》，厦门大学出版社 2013 年版，第 54 页。

图 3-7：庄景辉、贺春旎：《集美学校嘉庚建筑》，文物出版社 2013 年版，第 136 页。

图 3-8：陈呈主编：《集美学校百年历史图集（1913—2013）》，人民日报出版社 2017 年版，第 162 页。

图 3-9：陈呈主编：《集美学校百年历史图集（1913—2013）》，人民日报出版社 2017 年版，第 161 页。

图 3-10：陈呈主编：《集美学校百年历史图集（1913—2013）》，人民日报出版社 2017 年版，第 161 页。

图 3-11：陈呈主编：《集美学校百年历史图集（1913—2013）》，人民日报出版社 2017 年版，第 162 页。

图 3-12：陈呈主编：《烽火弦歌：集美学校抗战内迁办学史》，人民日报出版社 2016 年版，第 90、91 页。

图 3-13：陈呈主编：《烽火弦歌：集美学校抗战内迁办学史》，人民日报出版社 2016 年版，第 115 页。

图 3-14：《三明日报》2011 年 4 月 1 日，B2 版。

图 3-15：《三明日报》2011 年 4 月 1 日，B2 版。

图 3-16：福建省大田县政协文史资料委员会、厦门市集美学校委员会编:《集美职校在大田》，《大田文史资料》第二十八辑，内部资料，第 101 页。

图 3-17：陈呈主编：《烽火弦歌：集美学校抗战内迁办学史》，人民日报出版社 2016 年版，第 139 页。

图 3-18：厦门市建设与管理局、厦门市城市建设档案馆编：《画说厦门——回眸城市童年》，福建美术出版社 2009 年版，第 170 页。

图 3-19：厦门市集美区档案室编：《百年学村跨越美》，厦门音像出版社有限公司 2013 年版，第 99 页。

图 3-20：陈呈主编：《集美学校百年历史图集（1913—2013）》，人民日

报出版社2017年版，第210页。

图3-21：陈呈主编：《集美学校百年历史图集（1913—2013）》，人民日报出版社2017年版，第211页。

图3-22：陈呈主编：《集美学校百年历史图集（1913—2013）》，人民日报出版社2017年版，第77页。

图3-23：朱晨光主编：《陈嘉庚建筑图谱》，天马出版有限公司2004年版，第37页。

图3-24：朱晨光主编：《陈嘉庚建筑图谱》，天马出版有限公司2004年版，第39页。

图3-25：朱晨光主编：《陈嘉庚建筑图谱》，天马出版有限公司2004年版，第38页。

图3-26：朱晨光主编：《陈嘉庚建筑图谱》，天马出版有限公司2004年版，第43页。

图3-27：朱晨光主编：《陈嘉庚建筑图谱》，天马出版有限公司2004年版，第45页。

图3-28：朱晨光主编：《陈嘉庚建筑图谱》，天马出版有限公司2004年版，第51页。

图3-29：陈呈主编：《集美学校百年历史图集（1913—2013）》，人民日报出版社2017年版，第93页。

第四章　集美学村的无形资产

图 4-1：陈满意：《集美学村的先生们》，江苏人民出版社 2018 年版，第 3 页。

图 4-2：陈满意：《集美学村的先生们》，江苏人民出版社 2018 年版，第 14 页。
图 4-3：陈满意：《集美学村的先生们》，江苏人民出版社 2018 年版，第 89 页。

图 4-4：陈满意：《集美学村的先生们》，江苏人民出版社 2018 年版，第 100 页。

图 4-5：陈满意：《集美学村的先生们》，江苏人民出版社 2018 年版，第 127 页。

图 4-6：陈满意：《集美学村的先生们》，江苏人民出版社 2018 年版，第 189 页。

图 4-7：陈满意：《集美学村的先生们》，江苏人民出版社 2018 年版，第 202 页。

图 4-8：陈满意：《集美学村的先生们》，江苏人民出版社 2018 年版，第 222 页。

图 4-9：陈满意：《集美学村的先生们》，江苏人民出版社 2018 年版，第 226 页。

图 4-10：陈满意：《集美学村的先生们》，江苏人民出版社 2018 年版，第 263 页。

图 4-11：陈满意：《集美学村的先生们》，江苏人民出版社 2018 年版，第 274 页。

图 4-12：陈满意：《集美学村的先生们》，江苏人民出版社 2018 年版，第 288 页。

图 4-13：陈呈主编：《集美学校百年历史图集（1913—2013）》，人民日报出版社 2017 年版，第 201 页。

图 4-14：厦门造梦师文化传媒有限公司史料室。

图 4-15：《圆梦百年——陈嘉庚创办集美学校一百周年纪念册》编委会：《圆梦百年——陈嘉庚创办集美学校一百周年纪念册》，内部资料，2013 年版，第 37~38 页。

图 4-16：《圆梦百年——陈嘉庚创办集美学校一百周年纪念册》编委会：《圆梦百年——陈嘉庚创办集美学校一百周年纪念册》，内部资料，2013 年版，第 37~38 页。

图 4-17：陈呈主编：《集美学校百年历史图集（1913—2013）》，人民日报出版社 2017 年版，第 201 页。

图 4-18：陈呈主编：《集美学校百年历史图集（1913—2013）》，人民日报出版社 2017 年版，第 200 页。

图 4-19：中共厦门市委组织部、中共厦门市委宣传部、中共厦门市委党史办、厦门市民政局、厦门市档案馆编：《厦门党史画册》，鹭江出版社 1991 年版，第 135 页。

图 4-20：中共厦门市委组织部、中共厦门市委宣传部、中共厦门市委党史办、厦门市民政局、厦门市档案馆编：《厦门党史画册》，鹭江出版社 1991 年版，第 135 页。

图 4-21：中共厦门市委组织部、中共厦门市委宣传部、中共厦门市委党史办、厦门市民政局、厦门市档案馆编：《厦门党史画册》，鹭江出版社 1991 年版，第 135 页。

图 4-22：陈呈主编：《集美学校百年历史图集（1913—2013）》，人民日报出版社 2017 年版，第 199 页。